von Grauvogl

Diätetik und Prophylaxis für Offiziere und ihre Pferde

auf dem Marsche und im Felde

von Grauvogl

Diätetik und Prophylaxis für Offiziere und ihre Pferde
auf dem Marsche und im Felde

ISBN/EAN: 9783743327771

Hergestellt in Europa, USA, Kanada, Australien, Japan

Cover: Foto ©ninafisch / pixelio.de

Manufactured and distributed by brebook publishing software
(www.brebook.com)

von Grauvogl

Diätetik und Prophylaxis für Offiziere und ihre Pferde

DIÄTETIK

UND

PROPHYLAXIS

FÜR

OFFIZIERE

UND IHRE PFERDE

AUF DEM MARSCHE UND IM FELDE

VON

Dr. v. GRAUVOGL.

ZWEITE, SEHR VERMEHRTE AUFLAGE.

NÜRNBERG, 1862.

VERLAG DER FRIEDR. KORN'SCHEN BUCHHANDLUNG.

VORWORT.

Was man als erste Auflage dieser Schrift betrachten kann, ist ein in der letzten Stunde vor dem Ausmarsche der deutschen Truppenabtheilungen im Jahre 1859 flüchtig hingeworfenes Manuscript gewesen, mit welchem ich den vielfach von Offizieren ausgesprochenen Aufforderungen in Eile nachzukommen suchte.

Dennoch wurde es dem Drucke übergeben und sein Inhalt hatte sich, wie ich auch aus Privatnachrichten entnahm, ungeachtet seiner Kürze, als praktisch bewährt.

Durch diese Vortheile angeregt, steigerten aber die Offiziere auch ihre Anforderungen sowohl nach Belehrungen über eine grössere Anzahl von wissenswerthen Gegenständen, als auch nach mehr ausgeführten Darstellungen der wissenschaftlichen Belege und Vergleiche.

Allerdings gehört das Thema der vorliegenden Schrift zur Kriegswissenschaft, welche heutzutage entschieden die wichtigste Disciplin ist; da es aber noch nicht entfernt dem Bedürfnisse angemessen bearbeitet wurde, so überlasse ich die Beantwortung der Frage, ob ich mit dem Nachstehenden den gehegten Erwartungen und sehr mannigfaltigen Wünschen entsprochen habe, abermals Denjenigen, für welche es bestimmt ist.

Nürnberg, 1862.

Der Verfasser.

Inhalt.

Diätetik.

VI

Prophylaxis.

VII

VIII

Für die Pferde.

X

Diätetik.

Cambyses, der grosse Feldherr des Alterthumes, stellte schon den Grundsatz auf: hüte dich, dass dein Heer nicht gleich zu Anfang des Feldzuges erkranke!

Die folgenden Rathschläge sind nun gegeben, um dieser praktischen Regel sowohl auf dem Marsche, als auch in Lagern und Cantonirungen und in allen Wechselfällen, denen der Stand des Ruhmes und der Ehre im Kriege sich muthig entgegenstellt, nach den Errungenschaften der heutigen ärztlichen Gesammtwissenschaft und Kunst nachkommen zu können.

Sollte auch den einen oder anderen der berührten Rathschläge nicht Jeder für unbedingt erwähnenswerth erachten, so bitte ich zu bedenken, dass sie nicht bloss für gediente und erfahrene Offiziere niedergeschrieben werden konnten.

Allgemeines.

Dass die Bedeckung des Körpers für den Felddienst nicht nach dem Muster des Salonlebens zugeschnitten sein darf, versteht sich wohl von selbst; aber es verdient, hervorgehoben zu werden, dass jeder ihrer Theile so weit von den Theilen des Körpers, namentlich des Oberkörpers und der Gelenke, abstehen sollte, dass zwischen beiden eine Luftschichte Raum gewinnen kann, und zwar aus mehreren Gründen. Für's Erste sind nur durch diesen Raum der nöthigen

Beweglichkeit der Athmungsorgane, der Gelenke uud Musculatur keine Schranken gesetzt; zweitens bildet diese Luftschichte als solche die ausgleichende Vermittlerin zwischen der äusseren Temperatur und der des Körpers; drittens wird durch anliegende Bekleidung die Hautthätigkeit unterdrückt, wesshalb im Winter alle Körpertheile, welche von ihrer Bedeckung dicht umschlossen sind, besonders die Füsse und Hände, nicht warm zu erhalten sind und sehr leicht erfrieren.

In einem weiten Waffenrocke und weiten Beinkleidern hat man dagegen im Sommer nicht heiss und im Winter nicht allzu kalt. Das Tuch zu diesen Uniformstücken, wie es im Frieden von den Offizieren getragen wird, ist nicht selten zu dünn und wenig dauerhaft für den Felddienst. Nach einem grösstentheils im Freien durchlebten Sommer durchschlägt jeder grosse Regentropfen ein solches Tuch bis auf die Haut, und kam unter denselben Verhältnissen der Winter herbei, so hält es die Kälte nicht mehr ab.

Es ist auch ein Akt der Klugheit, keine alten Uniformstücke, keine alte Wäsche, überhaupt nichts Altes, also auch kein altes Sattel- und Zaumzeug mitzunehmen; denn auch ein alter Bügelriemen oder Zügel kann die grössten Verlegenheiten bereiten.

Baumwollene Wäsche ist zwar weniger haltbar, aber auch leichter und billiger, jedenfalls gesünder, als leinene, weil vom Schweisse durchnässte Leinwand kalt auf dem Leibe klebt; Baumwolle dagegen erkältet den Körper nicht, selbst wenn sie durchnässt ist. Auch im Winter vermag baumwollene Wäsche ungleich mehr Wärme zurück zu halten, als leinene, was nicht weniger im Sommer beim Bivouac zur Nachtzeit zu berücksichtigen ist. Für den Bivouac auf nassem Boden mag ein wasserdichter Stoff, der nicht viel wiegt, nicht viel Raum in Anspruch nimmt und haltbar ist, sehr wünschenswerth sein. Man taucht hiezu ein Stück

Leinwand oder Baumwollenzeug in eine Flüssigkeit, welche
man durch Mischung einer Auflösung von Alaun mit verdünntem Bleiessig erhält. In Belgien und Spanien wurde dieser
Stoff sogar als Ueberwurf oder Mantel für die Mannschaft
vorgeschlagen, was nicht zu billigen ist, weil er zwar die
Nässe von Aussen abhält, aber auch die Transpirationspro-
dukte von Innen nach Aussen nicht durchlässt.

Es war sicherlich weniger Zeitgeschmack, als vielmehr
eine pracktische Massregel, dem Soldaten K a m a s c h e n zu
geben; denn in vielen Regimentern, wo nicht in allen, gibt
es Soldaten und Offiziere, denen die Unterschenkel beim anhaltenden Gehen und Reiten anschwellen. Für diese sind
Kamaschen unter den Beinkleidern die grösste Wohlthat und
eine grosse Stütze zur Ertragung ungewöhnlicher Anstrengungen. Wer nur einigermassen zu sogenannten Krampf-
adern disponirt ist, würde ohne solche Unterstützung bald
zurückbleiben müssen.

Man darf niemals mit leerem Magen a u s r ü c k e n, und
wäre nichts zu haben, als ein Stück Brod und etwas Wasser
oder Branntwein, so hat man dadurch frühzeitiger Ermüdung
vorgebeugt.

Ein Hauptaugenmerk für den Soldaten im Felde bleibt
es stets, dahin zu trachten, dass der während des Dienstes
eintretende Verbrauch an Stoffen und Kräften seines Körpers durch Lebensmittel täglich so vollständig als möglich
wieder ersetzt werde; dass aber auch dieser Verbrauch nicht
mehr als nothwendig ist, auf unnöthige Weise vermehrt wird,
damit die Widerstandskraft des Körpers gegen kommende
Schädlichkeiten nicht aus eigenem Verschulden Mangel leide,
vielmehr durch Aufrechthaltung des Gleichgewichts zwischen
den A u s g a b e n bei den Anstrengungen und den E i n n a h-
m e n durch Nahrungsmittel erhalten bleibe, um jederzeit
frohen Muthes schlagfertig zu sein.

Bezüglich der Vermeidung überflüssiger Anstrengungen des Körpers erinnere ich z. B. an den Befehl des grossen Radetzky: dass die Stabsoffiziere der Infanterie auf dem Marsche an der Spitze ihrer Truppen marschiren sollen und nur hinter denselben reiten dürfen, weil die Pferde für den Schritt der Infanterie zu schnell gehen. Hat nämlich die Infanterie Pferden nachzumarschiren, so geschieht es, dass die Compagnieen eines Regimentes ihren Ab stand nothwendig verlieren und von Zeit zu Zeit nacheilen müssen, um ihn wieder zu gewinnen; daher sind dieselben zu einem beständigen Wechsel von Laufschritt und Halt gezwungen, während die erste, vorderste Abtheilung unmittelbar an den Fersen der Pferde ihrer Stabsoffiziere, zwar ebenfalls rascher marschiren muss, doch in einem gleichmässigen ununterbrochenen Schritte und ohne ihren Abstand verlieren zu können, was also bedeutend weniger anstrengt.

Es möchte nicht ganz überflüssig sein, diesen Gegenstand etwas in's Auge zu fassen. Es seien z. B. nur fünf Mann in einer Reihe hintereinander und in der Entfernung eines Schrittes aufgestellt, und es habe jeder Mann nur um ¼ Schritt dem ersten nachzurücken, so hat, angenommen der erste Mann bliebe stehen, der zweite Mann ¼ Schritt zurückzulegen, der dritte ²⁄₄ Schritte, der vierte ³⁄₄ und der fünfte ⁴⁄₄. Braucht nun jeder Mann, um ¼ Schritt zurückzulegen, die Zeit T, so wurde die Bewegung des zweiten Mannes in der Zeit T ausgeführt, aber die Bewegung der übrigen in den Zeiten 2 T, 3 T, 4 T. Die Bewegungen ist hier zudem gleichförmig und gleichmässig angenommen, muss aber durch die gewöhnliche Eile beim Anschliessen in um so längeren Raum- und Zeitgrössen durch den Laufschritt ersetzt werden, als die vorderste Reihe auf dem Marsche nicht stehen bleibt.

Die Verlängerungen der Abstände kommen auf dem Marsche oft in den grossartigsten Dimensionen vor und man kann sich eine Vorstellung von der dadurch unnöthigerweise erzeugten Anstrengung und Ermüdung des linken Flügels machen, wenn der rechte vorausmarschirt, und umgekehrt, indem man aus diesem Beispiele schon das Resultat zu ziehen hat, dass der Weg, den ein bestimmter Mann der Colonne wirklich zurücklegt, um seinen verlornen Abstand einzuholen, fortwährend gleich ist dem Maase jeder Verlängerung des Abstandes, multiplicirt mit der Anzahl aller ihm vorangehenden und sich fortbewegenden Glieder. Um so weniger ist es daher rathsam, jeden Tag mit demselben Flügel an der Spitze abzumarschiren. Dasselbe lässt sich auch auf die Reiterei anwenden, obschon bei ihr so grossartige Abstände nicht verloren gehen können, wie unter den berührten Verhältnissen bei der Infanterie und grössere Abstände bei der Reiterei um Vieles leichter zu vermeiden wären, weil die Pferde eine mehr gleiche Schrittweite haben.

Es gehört zu einer der schwierigsten Aufgaben im menschlichen Leben, sich richtig in die Lage eines Anderen zu denken; aber von dieser Aufgabe hängt es häufig ab, ob ein Offizier mehr oder weniger Erkrankte aus seiner Truppe zurücklassen muss oder nicht. So weiss, um nur ein Beispiel zu geben, der Offizier der Cavallerie im Winter sich gut zu verwahren; er sitzt bei der strengsten Kälte getrost auf seinem Pferde und erfriert sicherlich seine Füsse nicht einmal im nakten Bügel. An solchen Tagen öfter traben oder führen zu lassen, wäre aber eine sehr grosse Wohlthat für die Mannschaft; freilich darf die Signaltrompete nicht zugefroren sein, damit nöthigenfalls Alle zugleich wieder aufsitzen können.

Der Einwurf, es möchten die Pferde durch das Ab- und Aufsitzen mehr gedrückt werden, ist hier nicht stichhaltig;

denn niemals sitzt die Mannschaft unruhiger im Sattel, als wenn sie friert, und alle möglichen Bewegungen mit den Füssen und Händen unternimmt, um sich zu erwärmen. Eine alte Erfahrung gebietet dem marschirenden Soldaten, seine militärische, doch ungezwungene Haltung beizubehalten, denn sobald er bei beginnender Ermüdung sogleich nachlässig mit vorgebeugtem Oberleibe von einem Fusse auf den andern sich fallen lässt und einen trägen Gang annimmt, wird er um so frühzeitiger bis zur Erschöpfung ermüdet sein.

Das Gleiche gilt für den Reiter und sein Pferd. Hat er es nicht beständig und leicht in der Hand, lässt er sich von dessen Tritt beherrschen und verliert er dadurch seinen ruhigen Sitz im Sattel, so thuen beide sich weh; das Pferd wird gedrückt, der Reiter reitet sich auf und beide ermüden sich dann gegenseitig.

Es muss daher die Bewegung des Körpers beim Gehen wie beim Reiten auf die gesammte Musculatur, welche dabei in Anspruch genommen zu werden pflegt, gleichmässig vertheilt bleiben, wie es beim vorschriftsmässigen Sitze und Schritte der Fall ist. Bei nachlässigem Verhalten werden und bleiben dann nur einzelne dieser Muskelpartieen in Thätigkeit versetzt, aber in um so grössere, und das ist eine der Ursachen, warum bei gleichen Kräften die gegen diese Vorschrift sich benehmenden Leute früher ermüden als andere.

Der sogenannte Sonnenstich ist besonders bei der Infanterie die gefährlichste Erkrankung in Folge des Marschirens. Er ist aber niemals ein plötzliches Ereigniss, sondern er bildet die letzten Stadien einer allmählig und fast unmerklich sich ausbildenden Erkrankung, deren Grund in der hohen Steigerung zweier Wärmequellen für unseren Organismus liegt, wovon die eine die Sonnenhitze, die andere das Wärmeäquivalent der ungewöhnlichen Arbeit unserer

Musculatur beim Marschiren ist. Dadurch wird nämlich dem Organismus nach und nach eine enorme Menge Wassers entzogen, woferne der nöthige Ersatz nicht geboten wird, und zwar anfänglich ohne erhebliche Beschwerden.

Dieses stille Herannahen einer gefahrvollen Störung der organischen Functionen muss daher etwas ausführlicher beschrieben werden.

Der Sonnenstich beginnt mit starkem Durste und geröthetem Gesichte, wobei die Leidenden zwar sehr heiss aber nicht viel Schweiss im Gesichte haben, weil er sehr rasch verdunstet. Diesem folgt bald Appetitlosigkeit mit bitterem Geschmacke und weissbelegter Zunge, so dass zuweilen Uebelkeit und Erbrechen entstehen. Nun verliert die Muskulatur an Spannkraft und die Bewegungen fangen an zu erschlaffen. Allein in der Regel lässt die Mannschaft Derartiges ruhig über sich ergehen und denkt, es wird schon wieder von selbst und jedenfalls nach dem Einrücken besser werden.

Doch sucht sie sich um jeden Preis bei jeder Gelegenheit Wasser zu verschaffen und ist ihr das nicht möglich, so belegt sich jetzt auch die Sprache, sie wird heiser; das Schlingen erzeugt intensiven Schmerz, als wäre die heftigste Halsentzündung vorhanden, obgleich keine Anschwellung, nicht einmal eine congestive Röthe der schmerzenden Theile bemerkbar und die Pulsfrequenz nicht vermehrt ist. Oft fehlen alle Schmerzen, die überhaupt nur in den Schlingwerkzeugen vorkommen; aber dafür stellt sich Drücken auf der Brust ein, mit beschleunigten verkürzten Athemzügen, mit einer Schwerathmigkeit wie bei einer heftigen Lungenentzündung, was aber objectiv ebenfalls nicht der Fall, auch nicht mit einem Asthma zu vergleichen ist. Oft schon vor dem Auftreten solcher Erscheinungen oder vielmehr statt demselben sind die Leidenden von einer eigenthümlichen, ihnen selbst unerklärlichen, daher auch in den Folgen unterschätzten Bangigkeit, Angst und Reizbarkeit des Gemüthes gequält. Dabei röthet sich die Bindehaut der Augen, als wäre sie entzündct, wozu aber alle übrigen Zeichen fehlen; der Gang wird schwankend vor Schwindel, oder es blutet die Nase; der Reiter verliert seinen Sitz und sinkt vom Pferde, der Infanterist fällt auf einmal in die Kniee, meist sich selbst unverhofft, so dass man Beide noch gewaltsam sich wieder aufraffen, letzteren fortmarschiren und den anderen weiter reiten sieht; denn Beide sind noch bei vollem Bewusstsein uud fühlen sogar keinerlei Schmerzen. Wenn während aller dieser Zufälle immer noch kein Wasser zu haben ist, so fangen die Leute während des Marschirens jetzt an, laut mit sich selbst zu sprechen und irre zu reden und geben zum grössten Erstaunen, ja zur Belustigung der Kameraden, die von einer Gefahr natürlich keine Ahnung haben, auf einmal verkehrte Antworten.

Endlich erreicht die Hinfälligkeit, keineswegs Ermüdurg, den höchsten Grad, das Gesicht decomponirt sich und plötzlich fällt der Leidende um, als hätte ihn der Schlag getroffen, ist aber jetzt auch bewusstlos und einzelne Körperthcile gerathen zuweilen in schwache convulsivische Bewegungen.

Da sagt man endlich, es habe Einen der Sonnenstich oder der Hitzeschlag getroffen und in der Regel wird jetzt erst der Arzt herbcigerufen. Nun sind kalte Uebergiessungen über den Kopf und die entblösste Brust unbedingt und trotz aller Transpiration und Hitze nothwendig und damit muss man, wenn es geschehen kann, sogar in einem kalten Bade so lange fortfahren, bis das Bewusstsein wiedergekehrt ist.

Als ich diese Krankheit zum erstenmale beobachtete, staunte ich nicht wenig über die Aehnlichkeit, ja Gleichhcit ihrer Erscheinungen, mit denen, die bei der von den Physiologen schon öfter unternommenen künstlichen Wasserentziehung am Menschen vorzukommen pflegen; zugleich aber auch über die noch bestehenden Hypothesen, mit welchen von dieser Krankheit die physiologische Schule spricht. Jede Blutentziehung, örtliche und noch mehr allgemeine ist in allen diesen Stadien der Wasserentziehung absolut schädlich, raubt in dem letzten Stadium der äussersten Wasserentziehung dem Patienten mit seinem Blute auch noch den letzten Tropfen Wassers und tödtet ihn augenblicklich. Sind geringere Blutentziehungen durch Blutegel vorgenommen worden, so zieht auch dies die gefährlichsten Nachkrankheiten, unheilbare periodische Convulsionen etc. nach sich. Dieses unbesonnene Blutentziehen zählte bekanntlich auch während des letzten Ausmarsches seine Opfer und wurde nur von Anhängern der physiologischen Medizin unternommen. Wurde kein Blut entzogen, so ist der Leidende, auch wenn er erst im letzten Stadium rationelle Hilfe fand, zwar gerettet, doch oft noch 8—14 Tage und noch länger dem Dienste entzogen — ein weiterer Grund, aus welchem ich den ganzen Verlauf dieser so oft misskannten Zufälle angab, die, sogleich richtig erkannt und behandelt, schon in den ersten Stadien gänzlich und noch während des Marschirens verhütet und gehoben werden können.

Sehr mit Unrecht verwehrt man daher dem Soldaten während des Marschirens Wasser zu trinken; er muss so oft als möglich Wasser trinken, wenn er ausdauern soll, nur darf es dann nicht sogleich bis zur allzuraschen und vollständigen Abkühlung des Körpers geschehen, was, wenn fortmarschirt wird, ohnehin nicht leicht vorkommen kann.

Man machte freilich bei anstrengenden Märschen die Wahrnehmung, dass gerade diejenigen Soldaten vom Sonnenstiche befallen wurden, welche zuvor Wasser getrunken hatten, schob die Ursache auf das Wassertrinken und war der Ansicht, es ein für alle Mal verbieten zu müssen; allein ohne

Erwägung dessen, dass eben nur Diejenigen, welche von den gleichen Anstrengungen weniger gelitten hatten, natürlich nicht so sehr zu trinken begehrten; dass also begreiflicher Weise die davon mehr Ergriffenen ungestüm zu trinken verlangten, zum sichersten Zeichen des bei ihnen bereits begonnenen grösseren Wasserverlustes, der nicht genugsam ersetzt, endlich nothwendig und ungeachtet, oder vielmehr gerade wegen jenes Verbotes bis zu dem letzten Stadium der Wasserentziehung, des sog. Sonnenstiches führte. Wenn man sich die Mühe nehmen will, noch weiter rückwärts über das Vorhergegangene nachzuforschen, so findet man, dass immer schwächende Momente vorausgegangen sind, welche den Einen mehr dazu disponirten, von dieser Krankheit ergriffen zu werden, als Andere; besonders gehören dazu schlechte Nachtquartiere, schlechte Kost, Exzesse; aber auch individuelle Disposition, in Folge geringerer Widerstandskraft und Wärmeausstrahlung. Auch das Individuum hat seine specifische Wärme, der Kräftigere in der Ruhe unter der Achselhöhle 30—31° R., der Schwächere oft kaum 28°, was beim Marschiren in grosse Differenzen ausschlägt.

Aeltere Offiziere, die natürlich früher der Ermüdung unterworfen sind, können ihrer Musculatur, man möchte sagen, jugendliche Kraft einflössen, wenn sie täglich einigemale einen Esslöffel voll von einer Mischung einnehmen, welche aus ¼ Maas Wasser und 4—5 Tropfen Arnicatinctur besteht. Fühlen sie sich aber bedeutend gestärkt, so müssen sie wieder davon ablassen.

Bei der Thätigkeit der Musculatur auf dem Marsche wird nämlich der eiweisshaltige Muskelsaft aus den Muskelschläuchen ausgepresst. Dadurch entsteht jener Verlust an Kraftquelle, welche man Ermüdung nennt.

Es bilden sich dabei Zersetzungsprodukte von Eiweiss und eine Säure (Milchsäure), welche, wenn sie nicht durch das Alkali des circulirenden Blutes stets neutralisirt und fortgeführt werden kann, sich ansammelt und die feste Muskelsubstanz weicher und dehnbarer macht, was im Vereine mit dem Verbrauche der Kraftquelle die charakteristischen Eigenschaften des ermüdeten Muskels bildet.

Bei der auf die Ermüdung folgenden Ruhe tritt zwar wieder Erschlaffung ein und die Muskelflüssigkeit kann wieder in die Muskelschläuche eintreten; da jedoch der Reizbedarf des Muskels im umgekehrten Verhältnisse zu seiner Leistungsfähigkeit steht und der Reizbedarf mit den Jahren steigt, so ist es nothwendig, die Leistungsfähigkeit durch das zweckmässigste Reizmittel aufrecht zu erhalten, durch den obigen Gebrauch der Arnica, deren Wirkungsweise jenem Austritte des Muskelsaftes bedeutenden Einhalt thut, wie aus der später folgenden Erklärung ihrer Wirkungsart klar werden wird.

Während der Rast im Felde soll man sich daher auch, um jenen Zersetzungsprozessen ein weiteres Feld zu rauben, nicht auf feuchtes Gras und sogleich in den kühlen Schatten legen, sondern man sucht sich einen Platz zum Sitzen aus, trinkt aber kein Wasser und nur einen Schluck Branntwein oder besser Wasser mit Branntwein und isst unter keiner Bedingung kühles Obst.

Im Quartiere sorgt man vor Allem für frische Luft und lässt Tag und Nacht am Ofen das Thürchen und das Rohr offen stehen. Oeffnet man aber das Fenster, so muss man sich vorsehen, dass es nicht auf einen geschlossenen Hofraum oder überhaupt auf Orte mit schlechter Luft führt. Alles, was üblen Geruch verbreitet, muss aus dem Zimmer entfernt und das unvermeidliche Gefäss unter der Bettstelle oder im Nachttischchen zugedeckt werden. Von Schweiss durchnässte leinene Hemden vertauscht man sogleich mit trockenen und kleidet sich dann unverweilt wieder an. Wer baumwollene Wäsche trägt, kann sie anbehalten, aber dann auch den Waffenrock, den man nur allmählig lüftet, bis die Abkühlung des Körpers nach und nach von selbst erfolgt ist. Ehe nicht Etwas gegessen wurde, soll man aus Vorsicht weder Wasser, noch Bier, noch Wein trinken. Im Winter erwärmt man sich allmählig die von der Kälte erstarrten Glieder unter beständiger Bewegung mit grösster Vorsicht; die erfrorenen reibt man sich mit Schnee, bis sie warm geworden sind.

Die Uniformstücke müssen jeden Tag, nöthigenfalls selbst im Sommer am geheizten Ofen, aber nicht an dem des zu bewohnenden Zimmers getrocknet, oder in der Sonne gelüftet und ausgeklopft werden, und jeden Tag sollte man, wo möglich, den ganzen Körper waschen. Auch beim Baden ist Vorsicht sehr gerathen, nicht nur hinsichtlich der vorauszugehenden Abkühlung, sondern auch hinsichtlich der Temperatur, welche das Wasser besitzt und auch für den abgekühlten Körper noch zu tief sein kann.

Von 10 Uhr Abends bis 4 Uhr Morgens arbeiten die permanenten unwillkürlichen Functionen des Körpers am wenigsten; denn innerhalb dieser Zeit ist die Anzahl der Pulsschläge in der Minute und die Ausathmung der Kohlensäure am geringsten, folglich auch die Temperatur des Körpers niedriger, was besonders im Bivouac und im Winter zur Vorsicht mahnt. Sind daher diese Stunden für den Schlaf die angemessensten, sollten sie daher, so weit es der Dienst erlaubt, vorzugsweise hiezu benützt werden, wenn man mit den Stoffen und Kräften seines Körpers haushälterisch zu Werke gehen will, um für den Moment der That reich daran zu sein, so darf man anderseits im Freien nie schlafen, ohne sich mit dem Mantel zuzudecken. Man kann dann die ganze Nacht und auch im Schlafe auf sich regnen lassen, ohne zu erkranken; während selbst im Sommer eine einzige Stunde des

Schlafes im Freien ohne Decke die schwersten Erkrankungen
erzeugen kann. Damit ist jedoch nicht gesagt, dass man mit seinen
Stoffen und Kräften geizen soll, im Gegentheile, wir sollen
alle Functionen des Körpers zuweilen weit mehr auf grössere Anstrengungen durch Uebung vorbereiten, als es für
das gewöhnliche Leben erforderlich ist; sonst verwöhnen wir
uns so sehr, dass wir den unerwartet an uns gemachten
grösseren Anforderungen nicht mehr in dem Grade zu entsprechen vermögen, als es in der That geschehen könnte.
Menschen z. B., die in übertriebener Weise ihren Magen
schonen, oder an den Genuss von geistigen Getränken gar
nicht gewöhnt sind, verfallen alle Augenblicke nach dem geringsten Excesse dem Gastricismus mit Kopfschmerzen, Ma-
genkrämpfen und allgemeinem Unwohlsein. Menschen ferner,
die nicht öfters einen Dauerlauf über eine steile Anhöhe
hinauf und hinab wenigstens eine Viertelstunde lang wiederholen, kommen nie dazu, ihre Lungen so voll mit Luft aus-
zufüllen, als es möglich sein könnte, wenn die Uebung nicht
fehlte. Einen solchen Dauerlauf ersetzt keiner in der Ebene;
kein anderer, auch nicht das Reiten, zwingt zu so tiefen
Inspirationen. Würde man sich dieser Unbequemlichkeit,
die übrigens bald zum angenehmen Bedürfnisse wird, nicht
unterziehen, so verlieren die Verbindungen der Rippen mit
dem Brustbeine, dem Schlüsselbeine und den Wirbeln von
Jahr zu Jahr mehr von ihrer Beweglichkeit und die unthätig
bleibenden Luftzellen der Lungen veröden, das ganze Organ
schwindet frühzeitig, füllt die Brusthöhle nicht mehr aus
und die Circulation des Blutes muss Störungen erleiden.
Solche Menschen kommen, je älter sie werden, desto leichter
ausser Athem und disponiren sich selbst am Ende aus Vernachlässigung dieser diätetischen Vorschrift allein schon zu
Schlaganfällen, zum Asthma etc. Ferner ist die Zimmer-

gymnastik für ältere Herren zur Aufrechthaltung der Beweglichkeit ihrer Gelenke, der Kraft ihrer Musculatur und Verdauung unerlässlich und schützt vor einer Menge von Erkrankungen. Man sollte im Frieden täglich, so oft es die Zeit erlaubt, wenigstens ein Mal Trottbewegungen auf einem Punkte machen, mit oder ohne Eisenkugeln das Armkreisen, Rumpfkreisen, Stabkreisen, Beinkreisen etc. üben. Ueberhaupt soll man sich schon im Frieden jeder Gewohnheit entschlagen, um die Erregbarkeit der Organe in keiner Weise abzustumpfen. Nicht einmal an die jetzt beliebten, für Gesunde ganz überflüssigen kalten Waschungen soll man sich gewöhnen. Weit zweckmässiger ist, gesunde und ausgeruhte Lungen vorausgesetzt, hie und da an heissen Tagen ein erschütterndes kaltes Voll- oder Sturzbad. Selbst vom Schlafe muss man sich zuweilen abbrechen und sich durch momentane Entbehrungen und Strapazen aller Art eben so stählen, wie durch jene gymnastischen Uebungen, wobei natürlich der Geist keine Vernachlässigung erfahren darf.

Nahrungs- und Reizmittel.

Nahrungs- oder Nutritionsmittel sind diejenigen, die zum Ersatze des Verbrauchs dienen und aus denen die specifische Form unseres Körpers zusammengesetzt ist, und obgleich sie unter manchen Umständen zugleich auch Reizmittel sind, so versteht man doch unter Reiz- oder Functionsmittel in specie diejenigen, aus denen unser Körper nicht zusammengesetzt ist.

Alle Stoffe aber, die in unserem Körper enthalten sind, kommen von aussen her; wie sie in ihm enthalten sind, das sind sie nur durch seinen Einfluss geworden. Daher sind die wieder nach aussen abgegebenen Stoffe zwar dieselben, wie die aufgenommenen, aber in ihrer Form verschieden.

Im Allgemeinen sind neben einigen Erden, Alkalien, Schwefel, Phosphor etc. die vier Grundstoffe, Kohlenstoff, Stickstoff, Wasserstoff und Sauerstoff die wichtigsten Bestandtheile unserer Nahrungsmittel und unseres eigenen Körpers. Zwei Dritttheile unseres Körpers bestehen aus dem allgemeinen Lösungsmittel, aus Wasser, welches selbst wieder aus Sauerstoff und Wasserstoff zusammengesetzt ist. Der Sauerstoff verbrennt einen Theil der organischen Stoffe des Körpers und erzeugt dabei wieder Wasser und Kohlensäure. Die zunächst vorherrschenden Stoffe im Menschen sind dann die stickstoffhaltigen eiweissartigen Körper, auch Albuminate genannt, und die kohlenstoffhaltigen Fette. Von den Stoffen, welche ausgeschieden werden, sind der stickstoffreiche Harnstoff und die ausgeathmete Kohlensäure die massenhaftesten.

Es handelt sich daher bei der Oekonomie des körperlichen Lebens um möglichste Ersparung des Stick- und Kohlenstoffes.

Das kann auf drei Wegen erreicht werden: die zerstörende Wirkung des Sauerstoffes so viel als möglich zu schwächen, möglichst geringe Ausscheidungen von Kohlensäure und möglichste Beschränkung der Auscheidung des Stickstoffes in Form des Harnstoffes herzustellen.

Aber bei grossen Anstrengungen, denen man im Felde täglich ausgesetzt ist, kann besonders die letztere Aufgabe nicht direct erfüllt werden, weil sie gerade die Ausscheidung des Harnstoffes vermehren. Wir müssen uns daher an den Ersatz halten, welchen unsere Nahrungs- und Reizmittel uns gewähren.

Die pflanzlichen Nahrungsmittel enthalten bei gleichem Volumen ungleich weniger Stickstoff und Kohlenstoff als das Fleisch. Gerste z. B. ist in 100 Theilen zusammengesetzt: aus 2,28 Stickstoff, 45,46 Kohlenstoff, 42,44 Sauerstoff, 6,48

Wasserstoff und 3,32 Aschenbestandtheilen; Ochsenfleisch in
100 Theilen dagegen aus: 17,15 Stickstoff, 51,83 Kohlenstoff,
19,23 Sauerstoff, 7,56 Wasserstoff und 4,23 Aschenbestandtheilen. Fleischkost ist folglich das einzige Mittel, die vermehrte Ausscheidung des Stick- und Kohlenstoffes bei kör-
perlichen Anstrengungen zu ersetzen. Während nun das Fleisch der Pflanzenfresser dem
Menschen das Material zum Aufbaue und zur Erhaltung
seines Körpers in den günstigsten Verhältnissen darbietet,
weil in dem Fleische dieser Thiere das Fett schon fertig
genossen wird und der Stickstoff in den stickstoffhaltigen Albuminaten des Fleisches concentrirter vorhanden ist als in den
Pflanzen, so muss dagegen bei Pflanzenkost mehr Oekonomie
durch körperliche Ruhe, Schlaf und, wie wir sogleich sehen
werden, durch den vermehrten Genuss geistiger Getränke
getrieben werden.

Wegen des geringen Gehaltes an Nahrungsstoff in den
Pflanzen müsste auch, wenn man sich mit ihnen allein ernähren sollte, ihr Volumen vermehrt werden, damit sie dasselbe Nahrungsäquivalent geben können, wie das Fleisch, daher
öfter und viel mehr gegessen werden.

Denn ein Mensch, der täglich 6¹/₄ Loth stickstoffhaltige Substanz verbraucht, hat im Verhältniss dazu auch
17¹/₂ Loth an stickstoffloser Substanz, 8,11 Loth an Fett
und 8,89 Loth Zucker oder Stärke nothwendig. .

Nun geben z. B. drei Pfund Kartoffeln die nöthige
Menge stickstofflose Substanz, nämlich 18,24 Loth, dagegen
beinahe 5¹/₂ Loth zu wenig Albuminate als für den täglichen
Gebrauch nothwendig wäre. — 23 Loth Roggenmehl geben
ungefähr das nöthige Quantum Stärke, dagegen nur 3⁴/₅ Loth
stickstoffhaltige Substanz, d. h. Albuminate. Zur erforderlichen
Menge von Albuminaten, nämlich 6¹/₄ Loth, würden wir an Reis
mehr als 6 Pfund bedürfen, dadurch aber anstatt 17¹/₂ Loth

stickstoffloser Substanz, deren: 166,9 erhalten. Aber mit einem halben Pfunde Linsen, wozu ungefähr 4 Loth Fett genommen werden müssen und mit einem Zusatze von 3 Loth Fleisch kann ein erwachsener Mensch einen Tag über sich nähren, denn in ½ Pfund Linsen sind: 6,15 Albuminate enthalten, in 3 Loth Fleisch etwa: 0,65 Albuminate und in diesem halben Pfund Linsen noch: 13,41 Stärke. Daraus ergibt sich von selbst, wie schädlich dem Körper eine an Albuminaten zu arme Nahrung ist. Indem durch eine solche der Magen auch überfüllt wird, verliert sich zudem das Hungergefühl und es fehlt dann sogar an der Controle des Bedürfnisses. Zu solcher Ueberfüllung ist ferner der Verdauungsapparat unseres Körpers nicht entsprechend gebaut. Durch denselben soll das Brauchbare in der Nahrung tropfbarflüssig gemacht, vom Unbrauchbaren getrennt und entfernt werden. Das hiezu nöthige anatomische Verhältniss finden wir bei den pflanzenfressenden, den fleischfressenden Thieren und beim Menschen auch genau eingehalten, indem z. B. beim Pferde die Körperlänge sich zu seiner Darmlänge verhält wie 1 : 10, beim Löwen wie 1 : 3, aber beim Menschen wie 1 : 5.

Was den Pflanzenfresser noch erhält, das ist, dass er unter gleichen Umständen mehr Kohlensäure erzeugt, als der Fleischfresser; dass also in demselben Verhältnisse auch die Sauerstoffzufuhr abnimmt, in welchem die Kohlensäure im Blute zunimmt, somit auch weniger Energie des Lebens vorhanden ist als beim Fleischfresser. Dagegen ist der schnelle Umsatz der stickstoffhaltigen Stoffe des Menschen erfahrungsmässig eine Bedingung für die Intensität und Lebhaftigkeit der Lebenserscheinungen.

Sowohl in physiologischer wie anatomischer Beziehung liegt es daher auf platter Hand, dass die ausschliessliche Pflanzenkost für den Soldaten unzureichend wäre, die gemischte Kost aber für den gesunden Menschen die allein naturgemässe ist.

Da man im Felde aber sehr oft absehen muss von den verschiedenen Bedürfnissen der angenommenen Lebensweise, da man z. B. dem daran Gewöhnten nicht immer Speck, oder dem Süddeutschen nicht immer Käse und dem Norddeutschen nicht immer Butter verschaffen kann, da auch nicht einmal für den bejahrten Offizier immer Wein aufzutreiben ist, obschon er ihm leistet, was die Muttermilch dem Kinde, so sollte man schon im Frieden auch an keine Genüsse sich gewöhnen. Entspringt schon der Wunsch nach dem Wechsel der Genüsse aus einem unserem Organismus angeborenen Bedürfnisse, so darf dagegen kein Bedürfniss für den Offizier zur Gewohnheit werden. Durch die öftere Erweckung derselben Gelüste und die öftere Wiederholung derselben Genüsse, wächst das Verlangen nach ihnen und seine Befriedigung steigert sich zu jener Macht, welche stärker wird, als unser Wille, und das ist es, was man Gewohnheit nennt. Immerhin ist es nothwendig, dass man nicht bloss auf gemischte Kost hält, sondern auch auf Abwechslung; denn das Sprichwort: varietas delectat, hat zwar der Instinct aufgebracht, aber sein Realgrund liegt in unserer Organisation selbst.

Die Selbstthätigkeit unserer Organe bedarf nämlich für die von ihr unzertrennliche Erregbarkeit beständiger Reize. Aber derselbe Reiz wird wieder schädlich, wenn er zu lange angebracht wird. So verhält sich's auch mit der allzu einförmigen Nahrung. Sie bereitet Widerwillen, verliert ihren Reiz für die Verdauungsorgane, wird also nicht mehr verdaut und angesetzt und geht unter schwächenden Diarrhöen, die zum Typhus führen können, wieder ab, wie es z. B. im italienischen Feldzuge bei Verona der Fall war, wo es für die Mannschaft 4 Wochen lang nichts als frisch geschlachtetes Fleisch und Reis gab.

Namentlich sollte man auch Sorge tragen, dass man nie an Kochsalz Mangel leide, welches in allen unseren Organen, Geweben und organischen Flüssigkeiten enthalten ist. Auch darf man die reizenden Gewürze, Pfeffer, Zwiebel, Petersilie etc. nicht ängstlich verschmähen und muss es verstehen, was man empfängt, auch gut zuzubereiten. So sollte man z. B. ein gefasstes rohes Fleisch meist auf offenem Feuer am Spiesse braten, oder doch nie früher zum Kochen in's Wasser legen, als bis das Wasser anfängt zu sieden.

Offiziere, welche grösseres Gepäck mitnehmen können, mache ich auf die bereits in vielen Haushaltungen eingeführten Papinianischen Töpfe aus Gusseisen mit Ventil und hermetischem Schlusse aufmerksam. Das Wasser wird in denselben natürlich sehr schnell heiss und dann ist das Fleisch und das etwas später dazu gelegte Gemüse in einer Viertelstunde fertig gekocht, so dass man in dieser kurzen Zeit Suppe, Fleisch und Gemüse von vorzüglicher Güte und Kraft sich selbst und zwar mit einer bisher ungeahnten Ersparung von Brennmaterial und Zeit verschafft. Diese Töpfe besorgt in Nürnberg Kaufmann Thiess, z. B. für 1 Pfund Fleisch um 4 fl. Ein solcher Topf fasst 2½ Maass Wasser; es dürfen aber zum Kochen nur 3 halbe Maass Wasser genommen werden, damit für die Entwicklung des Dampfes Raum gegeben ist.

Wo es kein reines Wasser gibt, nimmt man einen Esslöffel voll frischgebrannter, grob gepulverter Holzkohle, die überall zu finden ist, auf eine Maass solchen Wassers, und mischt Beides; dann lässt man es einige Minuten stehen und durch Leinwand ablaufen, worauf die Kohle alle schädlichen Bestandtheile des Wassers aufgenommen hat und es trinkbar macht. Den Branntwein, welcher fuselhaltig ist, behandelt man ebenso und es entsteht ein geringerer Nachtheil, wenn auch etwas Branntwein an die Kohle geht, als wenn man fuselhaltigen Branntwein geniesst.

Guten Branntwein stets bei sich zu führen, dazu
gibt eine weise Vorschrift die Feldflaschen; um sich seiner
aber vortheilhaft zu bedienen, darf er nur in geringer Menge
genossen werden. Dann beseitigt er nicht nur den Durst,
sondern er vermindert auch die Absonderung des Schweis-
ses. Er vermindert zugleich den verzehrenden Einfluss des
eingeathmeten Sauerstoffes der Luft auf die organischen
Gebilde und verlangsamt den peripherischen Blutumlauf.
Nach seinem Genusse athmen wir weniger Kohlensäure und
auch weniger Wasser aus; endlich verhindert er zu rasche
Verdauung und retardirt somit im Allgemeinen den ganzen
Stoffwechsel.

Aus allen diesen Gründen ist er dem Soldaten auf dem
Marsche, selbst bei sparsamer Nahrung eine reiche Quelle
der Selbsterhaltung seiner körperlichen Stoffe und Kräfte
und ihm daher unentbehrlich.

Zu starker Branntwein, über sechzig Grade, wäre
schon durch seine örtliche Einwirkung schädlich, da er das
Pepsin des Magensaftes fällen und unwirksam machen, somit die Verdauung gänzlich aufheben würde. Etwas mehr
wasserhaltiger Branntwein aber bildet ein sicheres Schutzmittel gegen die Einflüsse der Kälte und Nässe und des
grellen Temperaturwechsels. Nur darf er nicht unmittelbar vor dem Fassen auf den richtigen Wassergehalt gebracht werden. Die besten Dienste leistet der Kümmel-
oder Anis-Branntwein in der Form von kaltem Grog mit
etwas Zucker.

Man findet nicht selten die Feldflaschen mit Wasser
gefüllt, welchem Essig zugesetzt ist. Aber die Wirkung
des Essigs ist eine dem Branntweine gerade entgegengesetzte.
Er verdünnt nämlich das Blut durch Lösung der eiweiss-
haltigen Stoffe desselben, die jedoch erhalten werden sollen.
Die Circulation des Blutes wird allerdings durch den Essig

verzögert und beruhigt, aber auf Kosten jenes Eiweisses, welches schon durch die körperlichen Anstrengungen auf dem Marsche und im Felde ebenfalls mehr als gewöhnlich aufgezehrt wird. Ohne diesen offenbaren Nachtheil zu bringen, gewährt indessen der Kaffee und der chinesische Thee dieselbe Beruhigung.

Der Kaffee ersetzt den Branntwein in vielfacher Beziehung, denn auch der Kaffee vermindert die Ausscheidung der Kohlensäure, aber in höherem Grade als der Branntwein; auch der Kaffee erregt heitere Stimmung aber nüchterne; auch er verlangsamt die Verdauung und beim Ausathmen vermehrt auch er die Abgabe von Wasser nicht. Selbst stickstoffhaltig, vermindert der Kaffee die stickstoffhaltigen Ausscheidungen in demselben Maasse wie der Branntwein und vorzüglich beschränkt er zugleich den Verbrauch der stickstoffhaltigen Muskulatur. Daher ist er dem Soldaten, der im Felde an seine Muskulatur ungewöhnliche Anforderungen zu machen hat, von unberechenbarem Vortheile. Der Kaffee ist zwar so wenig wie der Branntwein ein Nutritions- d. h. ein Nahrungsmittel im engeren Sinne des Wortes; dagegen ein Funktionsmittel, welches dem Organismus besser sparen hilft, als der Branntwein.

Hauptsächlich unterscheidet er sich vom Branntwein vortheilhaft noch dadurch, dass er durch seinen Gehalt an empyrheumatischen Substanzen viele der Auflösungs- und Zersetzungsprozesse nicht aufkommen lässt, welchen der Organismus des Soldaten im Felddienste durch den beständigen Temperatur- und Witterungswechsel etc. ausgesezt ist — und so findet die Behauptung vieler Offiziere schon aus dem russischen Feldzuge ihre physiologische Begründung, die Behauptung nämlich, dass sie nur durch den Besitz und Genuss von Kaffee den lange andauernden Entbehrungen und körperlichen Anstrengungen aller Art nicht unterlegen sind.

Auch in der französisch-afrikanischen Armee geschah die Vertheilung von Kaffee an die Mannschaft mit dem schlagendsten Erfolge, indem ihr sein Genuss zur Ertragung der Kriegsstrapazen eine ungewönliche Ausdauer verschaffte. Solche unwiderlegliche und umfangreiche Thatsachen und Erfahrungen am menschlichen Organismus werden hinreichen, um gegentheilige Behauptungen der neuesten Zeit aus Versuchen an dem Organismus eines Hundes umzustossen.

Da der Kaffee von so grosser Bedeutung für den Soldaten ist, so füge ich noch Einiges über seine zweckmässigste Beschaffung und Bereitung bei.

Die Kaffeebohnen verlieren beim Rösten um 15 — 25 Prozente ihres Gewichtes, wogegen der Umfang derselben um 50 — 58 Prozente zunimmt. Daraus lässt sich der Verlust ermessen, den man sich zuzieht, wenn man gerösteten, oder noch mehr, wenn man gemahlenen Kaffee, der überdies natürlich schon viel auch von seinem Aroma verloren hat, nach Maass und Gewicht kauft. Frisch gerösteter Kaffee bleibt immer auch der beste; es ist daher vortheilhafter, so wenig Kaffee als möglich auf einmal zu rösten.

Vor dem Rösten soll man die Bohnen 10 — 12 Minuten lang in Wasser einweichen. Dadurch bekommen sie einen gleichheitlichen Wassergehalt, sie lassen sich folglich auch gleichmässiger rösten und werden nicht so leicht angebrannt. Um in dieser Beziehung ganz sicher zu gehen, nimmt man am besten eine Trommel von Eisenblech, d. h. eine cylinderförmige Röstmaschine von 1¼ Maass Inhalt für ein halbes bayr. Pfund Bohnen. Stellt man darunter ein Eisenblech, welches so viel Brennweingeist aufnimmt, als 2¼ Unzen Wasser Raum bedürfen und bei gewaschenen Bohnen einige Tropfen Weingeist mehr, so hat der Kaffee unter

beständigem Drehén der Trommel seine gute rothbraune
Farbe erhalten, und ist fertig geröstet, so bald aller Weingeist verbrannt ist. Wenn der so geröstete Kaffee gemah-
len ist, so darf er nie gekocht werden, weil sich dabei zu
viel Aroma verflüchtigen würde, sondern man übergiesst ihn
mit kochendem Wasser. Oder man bereitet ihn in Kaffee-
maschienen, bei welchen das kochende Wasser durch seine
eigenen Dämpfe in ein zweites Gefäss getrieben wird, in
welchem der gemahlene Kaffee sich befindet und dann durch
den Seiher wieder ablaufen kann.

Mit hartem Wasser wird kein Kaffee gut. Man muss
solchem Wasser eine kleine Messerspitze voll kohlensaures
Natron auf die Tasse zusetzen, dann löst es am meisten
Substanz auf, hauptsächlich aber auch mehr Gerbsäure und
Huminverbindungen.

Besitzt man keine solche Maschine und übergiesst man
den gemahlenen Kaffee einfach mit kochendem Wasser, so
bleibt jedes Körnchen lange hart und verzögert die Aus-
ziehung seiner löslichen Bestandtheile. Jedes Körnchen enthält aber auch Gas in seinen Zellen, welches sich beim Rösten entwickelte, und so schwimmt der gemahlene Kaffee
lange Zeit auf der Oberfläche. Um Beides ohne Verlust
zu vermeiden und in wenigen Minuten auch ohne jede Kaf-
feemaschine eben so guten Kaffee zu gewinnen, legt man
jedesmal Tags zuvor den gemahlenen Kaffee in das Gefäss,
in welchem er den anderen Morgen mit kochendem Wasser
aufgegossen werden soll, und übergiesst ihn mit so viel
kaltem Wasser, dass es ihn noch um 1 Zoll überragt. Ueber
Nacht sind dann, namentlich wenn dieses Gemisch einige-
mal umgerührt wurde, die einzelnen Körnchen des gemahlenen Kaffees so erweicht und so gasfrei, dass nach dem
nun erfolgendem Aufgusse mit kochendem Wasser nur mehr

wenige Körnchen und nur einige Minuten lang schwimmen. Der Kaffee ist dann, wenn er soweit abgekühlt ist, dass er getrunken werden kann, auch fertig und das Kaffeepulver liegt als geschmackloser Satz zu Boden.

Mehrere Offiziere führten auf meinen Vorschlag zu dieser Kaffeebereitung drei in einander gesteckte Blechbüchsen mit sich. In der innersten ist der gemahlene Kaffee aufbewahrt, in der mittleren wird das Wasser siedend gemacht, indem man den Deckel der äussersten Büchse als Weingeistbehälter benützt, und in der äussersten Büchse selbst wird der kalte und dann der heisse Aufguss bereitet. Wer die Ausgabe nicht zu scheuen hat, erhält freilich den tadellosesten Kaffee mit Büchsen und einer Trommel aus Silberblech, weil der Kaffee mit dem Eisenblech Verbindungen eingeht.

Trotz aller Vortheile, die den Kaffeegenuss bei körperlichen Anstrengungen begleiten, kann er jedoch überaus schädlich werden für alle Diejenigen, deren Herzfunktion seinem Einfluss nicht widersteht. Man erkennt diesen Zustand an sich selbst an bestimmten Zeichen. Wer nach einem Dauerlaufe über Anhöhen, oder nach sonstigen ungewöhnlichen körperlichen Anstrengungen verstärkte Herzschläge fühlt, kann schon nicht mehr behaupten, ein kräftiges gesundes Herz zu besitzen; noch weniger Derjenige, der bei vollkommener Ruhe des Körpers an der linken Seite seiner entblössten Brust deutlich sieht, wie bei jedem Herzschlage die Weichtheile emporgehoben werden, oder wenn er zugleich an der aufgelegten Hand das Herzpochen fühlt; am allerwenigsten aber Derjenige, der in der Ruhe seines Körpers sehen kann, wie auch die Arterien an beiden Seiten des Halses pulsiren, d. h. an die Weichtheile des Halses bei jedem Herzschlage anschlagen, so dass sie ebenfalls nach dem Rhytmus des Herzens sich bewegen. Alle diese müssen den Kaffee so viel als möglich vermeiden, mag er auch noch so sehr mit Milch etc. verdünnt sein; ausserdem könnten sie eines Tages niedersinken und nicht mehr aufstehen; denn der Kaffee hat eine specifische Wirkung auf das Herz, er erzeugt, wie die homöopathischen Prüfungen an Gesunden mit ihm beweisen, ein Aussetzen des Pulses, oft schon nach jedem 5 — 10ten Schlage und es gesellt sich später so heftiges Herzklopfen dazu, dass Brustbeklemmungen, Schwerathmigkeit und höchste Angst etc. entstehen.

Wer solche Zufälle an sich wahrnimmt, muss den Kaffee gänzlich aussetzen und bei körperlichen Anstrengungen sich an den Branntwein halten.

Seitdem in den Städten und auf dem Lande unmässig Kaffee genossen wird, und viele Familien lange Zeit hindurch täglich von nichts Anderem leben, als von Kaffee und Brod, seitdem kann man d'e Folgen davon und besonders die allmähliche Entwicklung verschiedener, immer häufiger vorkommender Herzkrankheiten aus dieser Ursache genau verfolgen.

Der Kafeeliqueur, eine Mischung des Branntweines mit Kaffee, in welchem also die Eigenschaften beider Reizmittel verbunden sind, leistet natürlich noch mehr als jedes für sich.

Wegen dieser Vorzüge und seiner Billigkeit führe ich die Zubereitung desselben ebenfalls an. Auf 1 Liter = 32 Unzen fuselfreien Alkohol kommen ½ Litre = 16 Unzen Wasser, 8 Unzen Zucker und 3 Unzen gebrannter Java-Kaffee. Dieses Gemenge wird 6 — 8 Tage lang digerirt und dann filtrirt. Das gibt 50 Unzen Caffé-Liqueur und die Unze berechnet sich auf 1½ Kreuzer.

Um die Wirkung dieses Getränkes vollständig kennen zu lernen, ist noch die Bedeutung des Zuckers für den Organismus um so mehr in Betracht zu ziehen, als man ihn häufig auch verschiedenen anderen Getränken zusetzt.

Der Zucker ist zwar kein Nahrungsmittel, denn er
wird nach den Untersuchungen von Dr. Böcker an unserem
Organismus nicht gänzlich in Fett verwandelt, wie der Vergleich
mit chemischen Formeln glauben machen möchte, sondern
er verlangsamt auch den Verbrauch der Knochen und stickstoffhaltigen Körpertheile, der Muskeln, Nerven, des ge-
sammten Bindgewebes etc. und erst dadurch den des Fettes in so auffallendem Grade, dass man jene chemische
Theorie für plausibel halten konnte. Wie jedoch der Zuk-
ker das Mittel ist, wodurch die organischen Bildungen des
Säuglings vor zu raschem Umsatze geschützt werden, ebenso
vermindert er die Ausgaben des erwachsenen Körpers in
solchem Umfange, dass er natürlich auch weniger Einnah-
men erforderlich macht und lange vor Hunger bewahrt.

Die ausserdem auch angenehme Wirkung von Zucker
und Kaffee auf die Geschmacksorgane ist zugleich zur Ver-
besserung des Cisternenwassers verwendbar, welches, wenn
auch mit Kohle gereinigt, ohne Zucker oder Kaffee doch
eben so unschmackhaft bliebe, wie Wasser, welches aus
grösseren Entfernungen herbeigeholt werden muss. Doch
kann zu demselben Zwecke auch Branntwein benützt werden.

Ich darf es nicht übergehen auch die Bedeutung des
chinesischen Thee's für den Organismus zu erwähnen.
Sein Genuss gereicht nach starker Ermüdung zur grössten
Labung und Erfrischung; selbst nach geistiger Ermüdung
gewinnt die productive Thätigkeit des Geistes neuen Auf-
schwung durch seinen Genuss. Ein Brief eines französichen
Capitains, der schon die Feldzüge in Afrika und in der
Krimm mitmachte, berichtet aus dem Feldzuge in China:
»Bevor wir unter die Waffen traten, erhielten alle unsere
Soldaten eine Portion Thee, der zwar ohne Milch und Zucker
war, doch uns Allen sehr mundete. Thee und Kaffee sind

für den Soldaten bei Weitem die besten Getränke, die frisch
und munter erhalten und grossen Vorzug vor allen Spirituo-
sen verdienen. Hier in China, wo das Wasser in der Regel
sehr schlecht ist, trinken wir alle sehr viel Thee und dieses
Getränk bekömmt uns vortrefflich.«

Gefälschten Thee kennt man sogleich an der braunen
Farbe und dem raschen Aufquellen, welches entsteht, wenn
man ihn auf die flache Hand legt und öfters und nahe darauf hinhaucht.

Die Wirkungen des Weines sind bekannt. Ich spreche
daher bloss davon, wie man den ächten vom verkünstelten
unterscheiden kann. Man nehme nämlich ein Medizinglas
mit nicht allzu engem Halse von 2 — 3 Unzen Gehalt und
fülle es mit dem zu prüfenden Weine. Dann verschliesse
man es mit dem Zeigefinger, stürze es um und stecke es so
in ein Glas Wasser, dass der Hals des Medizinglases 1 Zoll
tief in das Wasser reicht. Zieht man nun den Finger von
der Oeffnung des Medizinglases langsam hinweg, so geht
von ächtem Weine vermöge seines geringeren specifischen
Gewichtes, nichts in das Wasser, von dem unächten aber
Alles, was nicht in den Wein gehört, Zucker, Farbe-
stoff etc. und zuletzt bleibt nichts mehr in dem Medizin-
glase, als ein elender Wein von schlechtester Sorte. Man
wird staunen, wie oft man gefälschten Wein, namentlich
rothen oder süssen Wein vorgesetzt bekömmt und welche
Weinsorten zur Bereitung des Champagner verwendet werden.

Von nicht geringerer Wichtigkeit ist dem Soldaten oft
auf dem Marsche ein leicht mitzuführendes, dem Verderben
nicht ausgesetztes, jederzeit geniessbares und ausgiebiges
Nahrungsmittel, welches bei geringem Gewichte und Umfange
selbst auf mehrere Tage hinreicht, es ist der Tasajo, das
getrocknete Fleisch der amerikanischen Tropenländer; aber
es muss gut bereitet sein.

Man bereitet diesen Tasajo aus Ochsenfleisch, welches in dünne, einen Zoll breite, ein oder mehrere Fuss lange Streifen geschnitten ist. Diese bestreut man mit Mais- oder Weizenmehl und lässt sie auf Brettchen und über Unterlagen, nach Art der Saiten einer Geige gespannt, an einem Ofen, der bis auf 60—70 Grad erwärmt ist, so lange trocknen, bis sie eine dunkelbraune Farbe annehmen und noch biegsam genug sind, um aufgerollt werden zu können.

Mit 2 Pfunden dieses carne tasajo besitzt man so viel wie 8 Pfund Fleisch. Am billigsten und besten wäre es, diesen Tasajo in grossen Quantitäten aus Texas zu beziehen, wo das Ochsenfleisch keinen Werth hat. Diesen Tasajo kocht man dann stückweise wie anderes Ochsenfleisch; er schmeckt wie Fleisch, weil ihm nichts davon abgeht als das verdunstete Wasser und gibt viele Fleischbrühe; oder man dämpft ihn, zuvor weich geklopft, in Fett zu einem sehr guten Braten.

Ein anderes, sehr haltbares, wenig Raum einnehmendes und kräftiges Nahrungsmittel bietet auch der Fleischzwieback. Man kann sich Tasajo und Fleischzwieback entweder selbst bereiten oder einem Militärapotheker dazu den Auftrag ertheilen. Fleischzwieback wird hergestellt, indem man möglichst mageres Fleisch zerhackt, mit lauwarmen, durch Salzsäure sehr schwach angesäuertem Wasser völlig auslaugt und diesen dadurch gewonnenen Fleischextrakt unter Abnahme des Fettes bis zur Syrupdicke über einer Weingeistlampe eindampft. Dasselbe wird dann mit ¼ soviel feinem Weizenmehl versetzt, als man Fleisch angewendet hat.

Dadurch entsteht ein Teig, der zu Kuchen von zwei Zoll Breite, vier Zoll Länge und ⅓ Zoll Dicke gerollt und im Backofen bei mässiger Hitze scharf ausgebacken wird. Mit einem Pfunde dieses gelbbraunen Zwiebackes, zu dem ungefähr 4 Pfund Fleisch erforderlich sind, hat man dann so viel Nahrung wie mit 4—5 Pfund Fleisch.

Aber das Weizenmehl darf auch nicht eine Spur von Kleienmehl enthalten, weil die Kleie Wasser aus der Luft anzieht, sich zersetzt und so den ganzen Zwieback ansteckt.

Es ist hiemit ein vollkommen wohlschmeckendes Nahrungsmittel hergestellt, mit dessen Hilfe man sich stets gut und kräftig nähren kann. Man zerstösst zu diesem Zwecke den Zwieback und kocht ihn mit Salz, nach Geschmack auch mit Gewürz, binnen 20 Minuten zur Suppe.

Er hält sich gut gegen Fäulniss, wie dieses Versuche an Proben bewiesen haben, die von Texas zur Londoner Industrie-Ausstellung gesandt wurden. Trotz seines Gehaltes an Albuminaten war er nicht zersetzt. Weder Schimmel noch Insekten berühren ihn, und wenn er nur trocken aufbewahrt wird, so hält er sich Jahre lang gleich gut und entbehrt, gleich dem Tasajo, die nicht geringen Nachtheile des Pöckelfleisches.

Es gibt übrigens auch mehrere sehr zweckmässige Vorschriften zur Bereitung von Zwieback. Das ist natürlich der Wahl jedes Einzelnen überlassen; aber wenigstens eines jener Getränke und eines dieser Nahrungsmittel sollte man stets für Nothfälle, wenn auch in kleiner Quantität, bei sich tragen. An Stelle des Brodsackes hängen sich die Offiziere für solche Lebensmittel auch Ledertaschen um.

Wer weniger auf leichtes Gepäck zu sehen hat und grösseres unterbringen kann, für den ist freilich mit dem in luftdichten Blechbüchsen gut zubereiteten und aufbewahrten Fleische und Gemüse etc. jederzeit ein ausgiebiges Essen in Bereitschaft. Wenn aber diese Blechbüchsen ausgehen, muss man für alle derartigen Lebensmittel, die man allenfalls mitnehmen will, den Zutritt der Luft durch Baumwolle filtriren. Die Gährung und Fäulniss organischer Substanzen wird durch mikroskopische Keime von Gährungspilzen und Infusorien eingeleitet und durchgeführt, wenn nicht die Luft, welche zu den Speisen dringen kann, vorher erhitzt und alles organische Leben darin getödtet worden war, wie es vor der Schliessung jener Blechbüchsen zu geschehen pflegt. Zu demselben Resultate kann man aber auch gelangen, wenn man also die Luft durch Baumwolle filtrirt. Es fault nämlich frischgekochtes Fleisch nicht, Fleischbrühe bleibt unverändert, sogar die süsse Malzwürze geht nicht in Gährung über, so bald die Luft nicht anders zu diesen so leicht veränderlichen Substanzen hinzutreten kann, als nachdem sie eine gewisse Menge loser Baumwolle passirt hat. Man weiss schon lange, dass die lose Baumwolle die Miasmen, die Keime zu ansteckenden Krankheiten auf ihrer Oberfläche zurückzuhalten geeignet ist. Diese Eigenschaft der Baumwolle wurde neuerdings mit Erfolg auch auf die Erhaltung der Lebensmittel angewendet, indem man ihre Behälter mit Baumwolle umgibt, namentlich wenn auch diese Schichte von Baumwolle vorher noch einmal erwärmt wurde.

Hier möchte ich auch des ausgezeichneten Fleischextraktes erwähnen, welches die Hofapotheke in München liefert. Zu 1—2 Theelöffel voll gibt es mit heissem Wasser die beste wohlschmeckendste Suppe, zu einer Messerspitze voll verbessert es jede andere zu schwache Suppe und ist entschieden das beste Präparat, das in seiner Art bisher bereitet wurde.

Gibt es im Quartiere keinen ächten Kaffee, oder kann man sich selbst keinen bereiten, so wird es wohl möglich sein, sich eine Einbrennsuppe, mit oder ohne Fleischbrühe, zubereiten zu lassen. Sie ist, und zwar ohne eingeschnittenes Brod, ein in anderer Beziehung vortheilhaftes Frühstück, so bald sie nicht zu dünn ist und das Mehl gut,

d. h. bis zur Erzeugung des Assamar (Röstbitters) gebrannt
und dabei fleissig verrieben wird. Sie dient, so bereitet,
theils als Nahrungsmittel, was man vom Kaffee, Thee und
Branntwein nicht sagen kann, theils vermindert sie vermöge
ihres Gehaltes an jenem empyrheumatischen Stoffe verschiedene Zersetzungsprocesse substautiell im Magen und Darmkanale, und stillt dadurch allein schon an und für sich
manche Diarrhöe.

Dagegen löscht sie, als Nahrungsmittel, natürlich den
Durst nicht, wie Kaffee oder Branntwein mit Wasser. Der
Durst aber kann entweder bald nach der genossenen Einbrennsuppe, oder auf dem Marsche sicherlich mit Wasser
gestillt werden.

Das Tabakrauchen verursacht, wie wir täglich erfahren, eine gelassene Stimmung des Gemüthes, schützt vor
Zerstreuung der Gedanken, macht den Hunger erträglich etc.
Schon eine Cigarre vor der Mittagszeit geraucht, lässt momentan ein Mittagessen vergessen; die Aufgabe beim Rauchen
besteht nur in der Vermeidung der Wirkung des Nicotin.

Dieses wird schon erreicht durch das Rauchen von
Cigarren statt Tabak aus Pfeifen, namentlich wenn man sich
der Cigarrenspitzen dazu bedient. Der Tabak der Cigarre
verbrennt nämlich vollständig, in der Pfeife aber wird er
mehr destillirt und liefert dadurch mehr Nicotin in den Mund.
Auch muss der Tabak trocken sein, denn das Wasser des
feuchten Tabakes verhindert die Zerstörung des Nicotin
durch die Verbrennung.

Lange und trocken aufbewahrter Tabak ist desshalb
der beste und zugleich gesündeste, weil während des Aufbe-
wahrens das Nicotin allmählig aus dem Tabake mehr und
mehr sich verflüchtigt und an seiner Stelle sich empyrheu-
matische Oele, Harze etc. bilden, welche dem abgelagerten
Tabak das Aroma und den Wohlgeschmack verleihen.

Messer, Gabel und Löffel in ein theilbares Heft vereinigt, sind in vieler Beziehung fast unentbehrliche Gegenstände für jeden Offizier; nicht nur, weil man nicht selten kein Besteck, oder ein solches findet, dessen man sich zu bedienen scheut, sondern auch zu manchen anderen, sich von selbst ergebenden Zwecken. Das Gleiche gilt von einem metallenen, in sich zusammenschiebbaren Trinkbecher.

Prophylaxis.

Anleitung zur medicinischen Selbsthilfe bis zur Ankunft des Arztes.

Habe ich schon für die bisher empfohlene Diätetik die wissenschaftlichen Gründe beigebracht, so ist ein ferneres Eingehen in derartige Erörterungen für das Folgende um so nothwendiger, als ich von einem gebildeten Stande, mit dem ich hier in der Oeffentlichkeit nicht bloss nach dem Wunsche Einzelner, sondern im Allgemeinen zu sprechen habe, nicht verlangen kann, dass er die Wahrheit dessen, was ich ihm auch hinsichtlich der Prophylaxis anzurathen habe, ohne eigene Prüfung anerkenne. Desshalb schalte ich hier *) und später noch kurze Excursionen in das Gebiet der

---

*) Zur Entstehung einer Erkrankung gehören zwei Dinge; ein Mensch, dessen Nutrition und Function, d. h. dessen allgemeine constitutionellen Verhältnisse die Bedingungen für die Möglichkeit, so oder so zu erkranken, in sich schliesst, und dann eine äussere Ursache oder deren mehrere, welche im Stande sind, jene Bedingungen zu verändern, d. h. krank zu machen. Krankheiten sind also nichts als Veränderungen der Nutrition und

Heilkunde und in das der unveränderlichen Naturgesetze
als Anmerkungen ein, damit Derjenige darüber hinweggehen

Function, die aus der Wirkung der verändernden Ursachen
und aus den Gegenwirkungen eines Organismus, der diesen Ursachen nicht zu widerstehen vermochte, hervorgegangen sind. Aber
die Folgen sogar aus gleichen Ursachen, gleichen sich doch stets
so wenig, als die menschlichen Individuen einander ganz gleich sind.
Nach der Beschaffenheit der Krankheitsursachen ist dieses Verhältniss der Ursachen zu den Bedingungen selbst wieder ein sehr
geschiedenes; denn alle Krankheiten sind naturgesetzlich in eine
zweifache Reihe zu trennen: theils in örtliche, auf ein Organ
oder organisches System: Haut - Muskel - Nerven - Knochen - Ver-
dauungssystem etc. primär verursachte; theils in allgemeine,
von dem allgemeinen Transportmittel für unwägbare Stoffe, das ist
vom Blute ausgehende, mit secundären Producten. Die Ursachen
der Krankheiten wirken auf den Menschen nämlich entweder in
wägbarer Quantität oder massenhaft, nach dem Gesetze der
Causalität ein, wie bei Verwundungen, künstlich erzeugten Vergiftungen etc., worauf dann erst auch ein allgemeines Ergrif-
fensein des Organismus erfolgen und in die Formen verschieden-
artiger Fieber, Entzündungen, Convulsionen etc. übergehen kann;
oder die Krankheitsursachen wirken umgekehrt zuerst in unwägbaren Quantitäten allgemein, vom Blute aufgenommen, indem
sie sich oft fast unmerklich vermöge der wechselseitigen Causalität, d. h. nach dem Gesetze der Wechselwirkung im Innern
des Organismus ausbreiten und erst später in verschiedenen Organen und Systemen sich localisiren.
So veranlasst z. B. eine plötzliche Abkühlung des Körpers oder
sonst ein unwägbares Gift, das des Scharlach's, der Blattern etc.,
welches in der Luft sich zu verbreiten vermag, bei dem Einen
mehr, bei dem Anderen weniger, zuerst allgemeine Erscheinungen,
öftere Uebelkeit, vermehrten Durst, Mattigkeit der Glieder, Appetitlosigkeit, Schlaflosigkeit von längerer oder kürzerer Dauer, dann
Frost, Hitze, Herzklopfen, Brustbeklemmung, Kopfschmerzen, Schwindel; endlich eine locale Congestion des Blutes nach irgend einem
Theile der Haut, der Lungen oder der Leber, des Darmkanales, des
Rückenmarkes etc. mit Schmerzen, Anschwellung und Ausschwitzung.
Zugleich kann das Alles unter verschiedenen Umständen sich sehr
verschlimmern oder bessern, z. B. bei der Nacht, beim Tage, bei
schlechtem oder gutem Wetter, bei Süd- oder Nordwind etc.

kann, dem es weniger darum zu thuu ist, sich Einsicht in
dieselben und in die Wirkungsart derjenigen Heilstoffe

Diese Erscheinungen des allgemeinen Ergriffenseins, die entweder den primär localen Erkrankungsformen nachfolgen oder
den secundär localisirten vorangehen, weisen uns auf die Bedingungen zur Gesammterkrankung, auf die des ganzen Krank-
heitsprozesses in der Gemeinschaft seiner Theile, d. h. seiner
Wechselwirkung hin.

Aus diesen örtlichen Affectionen und Producten der Krankheitsursachen aber bildete sich die physiologische Medizin auf den
Universitäten, absehend von allen jenen constitutionellen Bedingungen und noch vielen anderen individuellen Verschiedenheiten, ihre
Krankheitsbegriffe, nach einzelnen Theilen des ganzen Krank-
heitsprozesses, nach hervorragenden Symptomen, wie Entzündung,
Fieber, Brand, Gicht, Cholera etc., die auch dem Laien geläufig wurden.
Sie denkt sich dabei lauter vollendete Thatsachen, wie bei Beinbrüchen etc.

Was ist nun zum Zwecke der Heilung veränderter Zustände zu
thun? Offenbar kann auch die Heilkunst mit ihren Mitteln nur
entweder local oder durch Vermittlung des Blutes einwirken;
entweder durch wägbare Quantitäten oder durch unwägbare;
genau so, wie es die Krankheitsursachen machen. Dass man bei
primär localen Erkrankungen, die bei Weitem die seltensten sind,
vor Allem die Hindernisse der Heilung nach dem Causalgesetze zu
entfernen habe, ist so klar in die Augen springend, dass die Herren
Professoren sich davon blenden liessen und dieses Verfahren auch
gegen jene secundären Krankheits-Producte einschlagen zu dürfen glauben. Sie nehmen sich vor, auch diese direct heilen zu
wollen, welche sie ebenfalls bloss für Wirkungen von Ursachen
ansehen, und so suchen sie nach dem Gesetze der Causalität oder
Bewirkung, auch gegen diese Producte unmittelbar und direct
mit wägbaren Quantitäten einzuschreiten. Sie glauben daher durch
sogenannte entzündungswidrige, gichtwidrige etc. Verfahrungsarten
jene Krankheitsprodukte vernichten zu müssen, also z. B. bei Entzündungen Blutentziehungen zu machen und Laxantien zu geben, um,
wie sie vorgeben, durch die Verminderung der Blutmasse die
Blut-Congestion aufzuheben, oder durch örtliche kalte Umschläge
und Uebergiessungen die Hitze des Fiebers zu vertreiben u. dgl.

Da aber keine Entzündung, kein Fieber, keine Gicht, kurz
gar keine Gesammtform einer allgemeinen Erkrankung nur ein

zu verschaffen, die ich gleichsam als Hausmittel für beginnende
Erkrankungsfälle anführen werde, damit tiefer gehende Krankheiten um so leichter verhütet werden können.

Produkt, nur eine mittelbare Wirkung ihrer Ursache allein ist,
sondern ein Produkt aus ihren Ursachen in Verbindung mit den
Bedingungen des Organismus, also ein Naturprozess, und zwar in
der Form der selbstthätigen Gegenwirkung des Organismus
gegen die Krankheitsursache und deren Ausbreitung, so sind die
Voraussetzungen dieser pseudorationellen, physiologischen Medizin
falsch, und muss demnach ihr Verfahren auch ein verkehrtes sein.
Durch Blutentziehungen z. B. kann zwar momentan jede Congestion gemindert, aber unmöglich bleibend gehoben werden, so
lange die unwägbare Ursache, die sie erzeugte, noch fortwirkt,
oder die Bedingungen, in ihrer Gemeinschaft und Abhängigkeit von
der Form des Ganzen, noch fortbestehen, unter welchen die Einwirkung dieser Ursache auf den Organismus möglich war. Im Gegentheile, es kehrt nach dem Gesetze der proportionalen Oscillation
dieselbe Congestion einige Stunden nach der gemachten Blutentziehung
wieder und man wäre sodann, den Lehren dieser Schule zufolge,
gezwungen, abermals Blut zu entziehen. Wenn nun dieses wirklich
geschehen ist und dadurch auch diese zweite Congestion vielleicht schon
weniger stürmisch wiederkehrte, so geschah es, weil der ganze Organismus durch den Verlust an der Seele seines Leibes, an seinem Blute
schon sehr bedeutend in seiner Selbstthätigkeit geschwächt wurde.
Da nun mit den Blutentziehungen weder die Ursachen noch die
Bedingungen der Krankheit aufgehoben werden können, so muss
nach dieser heillosen Maxime zum Drittenmale und häufig noch
öfter zur Ader gelassen werden. So lange man also in dem Trug-
schlusse lebt, durch die Vernichtung der Krankheitsprodukte den
Organismus selbst heilen zu wollen, so lange wird er nicht nur
nicht geheilt, sondern er muss endlich den Blutentziehungen erliegen.

Nehmen wir nun den günstigsten Ausgang von einer solchen
Misshandlung an, so kann nach Blutentziehungen ebenso wie nach
kalten Umschlägen etc. wohl das Fieber und die Congestion gewaltsam bezwungen und der Schmerz gestillt sein, aber die Anschwellung, das gebildete Exsudat bleibt stehen, indem durch diese
schwächenden Proceduren zugleich seine Aufsaugung unmöglich
gemacht wurde. Sind nun freilich Schmerz, Fieber und Entzündung
coupirt und ist damit eine Scheinheilung ausgeführt, so fängt da-

Diese Heilstoffe müssen **alle** nach derselben Vorschrift hergestellt werden. So wenig eine chemische Untersuchung

gegen nach einiger Zeit das Exsudat an, zu vereitern und man hat also anstatt z. B. eine Lungenentzündung thatsächlich geheilt zu haben, eine Lungensucht erzeugt. So wird durch alle Mittel gegen die Krankheitsprodukte nicht nur der Zweck einer rationellen Heilung vereitelt, sondern dazu auch noch anderweitiges viel grösseres Unheil gestiftet. Dieses unlogische Verfahren nennt sich Allopathie oder physiologische, oder sogar auch rationelle Medizin.

Schon der Titel: physiologische Medizin kann, logisch genommen, keine Wahrheit enthalten, denn die Physiologie handelt von der Lehre des gesunden Menschen, die Medizin aber befasst sich mit den Krankheiten. Demungeachtet ist es also in der Allopathie möglich, zwei sich selbst entgegengesetzte Begriffe unter einen Hut zu bringen und festzuhalten.

Rationell aber ist bekanntlich diejenige Wissenschaft, in welcher die Principien die Prämissen sind, denen alles Andere untergeordnet werden muss; denn die Principien weisen uns an, bei der Ausbildung der Wissenschaften die Thatsachen der Erfahrung den nothwendigen Vernunftwahrheiten unterzuordnen; die empirischen Erkenntnisse dagegen beruhen nur auf der Wahrnehmung dieser Thatsachen.

Nun besitzt aber jene sogenannte rationelle Medizin auch nicht ein einziges Prinzip im Gegensatze zur Homöopathie, deren Principien nichts Anderes sind, als die Naturgesetze, von welchen sie, wie wir sogleich sehen werden, ihre Handlungen am Krankenbette ableitet. Dagegen besitzt jene sogenannte rationelle Medizin ein Chaos von empirischen zufälligen Wahrnehmungen und Mittheilungen ohne allen Zusammenhang; folglich hat sie sich die Bezeichnung „rationell" wohl angeeignet, wie der Rabe die Pfauenfeder.

In beispielloser Vervollkommnung der Detail-Wahrnehmung hat sie die Erkenntniss des untrennbaren Zusammenhanges, der Gesetz und Thatsache verknüpft, beispiellos verabsäumt und sich den grössten Feinden aller Wissenschaft, dem Dogmatismus und Scepticismus ergeben und überliefert.

In den Armen des ersteren haben ihre Herren Professoren haufenweise Zulauf bekommen, weil es bequemer ist, sich befehlen und rathen zu lassen, als selbstständig zu denken; in den Armen möglich ist, ohne Reagentien, die nach allgemein festgestellten Regeln bereitet sind, so wenig ist auch über eine Heilung

des Scepticismus zweifeln sie mit ihren Anhängern die aufgedecktesten Thatsachen an, anstatt die Gesetze zu erforschen, unter welchen diese Thatsachen existiren können und müssen, oder nicht. Als Beispiel für jenen Dogmatismus erinnere ich nur an die Art der bekannten, gegen die Homöopathie gerichteten Verfolgungen; als Beispiel für jenen Scepticismus diene nur die Entdeckung Pettenkofers, dass der hohe Stand des Grundwassers eines Ortes dessen Bewohner zur Cholera disponire. Man hatte diese Thatsache sogleich anzuzweifeln gewusst, ihre unbedingte Giltigkeit aber mit Recht umgestossen, ohne jedoch zu erforschen, „warum" dieses Vorkommen zuweilen zutrifft, zuweilen aber nicht. Wohl disponirt das auf eine gewisse Höhe gestiegene Grundwasser die über ihm Wohnenden zur Cholera; aber nicht „weil" es Zersetzungsprodukte erzeugt, oder mit sich führt. So ungeheurer Götzendienst mit dieser Entdeckung getrieben wurde, so ist sie doch, so wie sie dasteht, nicht um ein Haar mehr werth als die, dass sich die Cholera zuweilen längs der Flüsse oder in Sumpfgegenden, oder grösstentheils im Sommer und im Herbste verbreitet; denn die Realgründe von allen diesen Wahrnehmungen sind noch nicht gefunden, und in dieser Schrift erst später angegeben; sie allein lösen allen Widerstreit. Weder Pettenkofer noch seine Gegner haben Recht, weil sie unfähig waren, den Zusammenhang dieser Thatsachen mit ihren Gesetzen zu durchschauen, nach welchen sie sich, scheinbar unter so verschiedenen Umständen so ereignen müssen. So ist z. B. die Ursache der Ausbreitung der Cholera im Sommer eine vorzugsweise in der Atmosphäre liegende und eine ganz andere als die im Herbste, welche auch in der Erdoberfläche begründet ist.

Aus denselben Gründen versteht es diese physiologisch-rationelle Medizin eben so wenig, den Zusammenhang der Krankheiten mit den Heilmitteln zu erklären. Sie entbehrt daher auch jeder naturgesetzlich begründeten Maxime, Heilmittel zu entdecken so sehr, dass sie dieselben entweder vom Zufalle empfängt oder aus der Beschaffenheit der Krankheitsprodukte in den Leichen zu erschliessen sucht, also aus Schlüssen von der Folge auf einen Grund, der nicht einmal der Grund der Heilung, sondern nur der Krankheit sein könnte, folglich abermals aus unerlaubten Fehlschlüssen.

ohne gleichartig und richtig zubereitete Heilmittel ein Urtheil
möglich, oder ein Erfolg vorauszusehen.

Die Beweise davon liegen zwar öffentlich zu Jedermanns Einsicht in der Literatur dieser physiologischen Medizin vor, aber ein
Paar Beispiele davon sind zur Orientirung für den Laien nothwendig.
Ich hatte so eben einige Citate über Cholera und Wechselfieber nach-
zuschlagen und fand bei dieser Gelegenheit unter Anderem, in Beziehung auf jene zufälligen Errungenschaften in dem ärztlichen
Intelligenz-Blatte bayerischer Aerzte, 1857, Nr. 14, dass ein Arzt dieser
Schule die Wahrnehmung machte, ein schlichter Landmann habe
durch die Darreichung einiger Tropfen des ausgepressten Saftes der
urtica dioica, der hochwachsenden Brennnessel, in einem Löffel voll
Cognac gegeben, Wechselfieber geheilt. Es schien ihm nun wichtig genug, nach einigen eigenen Versuchen an Kranken, das neue Fieber-
mittel zu veröffentlichen, um es dadurch zu noch ausgedehnteren
Prüfungen dieser Art hinzugeben, „welche darthun sollen, ob und
in welchem Grade es sich bewähre oder nicht.“

Diese Schule macht also ihre Experimente gleich an den
Kranken, ehe noch dargethan ist, ob das belobte Mittel wirklich
etwas taugt, oder nicht!

Als Beispiel in logischer Beziehung erwähne ich die Behauptung eines anderen Arztes derselben Kategorie (ibidem, 1854,
Nr. 34), dass nach seiner „Ansicht“ das Wesen der epidemischen
Cholera durch eine Alteration des vegetativen Nervensystems bedingt
werde. Ein Heilmittel, welches „erregend“ auf dieses Nervensystem
einwirkt, wie das Ammonium valerianicum müsse daher unter
Beihilfe gleichzeitig geeigneter äusserlich angewendeter Agentien
die Cholera heilen. Nach diesem Vortrage in einer ärztlichen Ver-
sammlung wurde dieses Mittel, ohne dass diese sogar grundfalsche
Theorie auch nur irgend einer weiteren Untersuchung unterworfen
worden wäre, schleunigst an den Cholerakranken ohne alles Bedenken probirt und natürlich nach wenigen Tagen für nicht
stichhaltig befunden.

Wer vermag solche Verfahrungsarten zu verantworten? Es
fehlt ihnen jeder synthetische Vergleich mit Arzneiprüfungen, sie
sind kühne Griffe in das Glücksrad.

Die andere Schule, die Homöopathie, oder naturgesetzliche
Heilkunde, welche die ausgesuchtesten Verfolgungen von der Allopathie zu erdulden hat, beachtet alle Wirkungen der Krankheitsursachen und alle Gegenwirkungen des Organismus gegen die-

Die Tincturen der Pflanzenstoffe sollen daher aus gleichen Theilen Weingeist und Pflanzensaft bereitet werden

selben, wohl erkennend, dass sie mit der Zerstörung und Vernichtung der secundären Krankheitsprodukte bald das Leben des ganzen Organismus zerstört oder auf lange Zeit, wo nicht für immer untergraben hätte. Sie geht dafür aus obigen Gründen den Bedingungen zu Leibe, unter welchen die Krankheiten sich auszubreiten vermochten und die Kranken selbst gehen daher aus den homöopathischen Heilungen stets gesünder hervor, als sie zuvor waren, haben also über keine lange, überhaupt über gar keine Reconvalescenz ihre erschöpften Körper hinzuschleppen.

Dazu muss die Homöopathie nicht nur diese Bedingungen kennen gelernt haben, sondern sie muss auch zu deren Heilung wieder andere Ursachen haben, d. h. Heilmittel, von denen sie im Voraus, also a priori weiss, dass sie dem beabsichtigten Heilzwecke effectiv entsprechen werden.

Um zu heilen, müssen wir also zuerst die Gesetze studiren, unter welchen unser Organismus selbst existirt; sodann die Stoffe der Aussenwelt an uns selbst prüfen, ehe wir sie als Heilmittel für die Kranken anwenden können, um ihren Wirkungskreis zuvor erforscht zu haben.

Daher hält sich die homöopathische Heilkunde lediglich an die Gesetze der Ernährung und Function des menschlichen Lebens, nicht an die Leichenbefunde, welche nur zur Krankheitslehre gehören.

Nun besteht unser Organismus aus nichts Anderem, als aus den Stoffen, die in unseren Nahrungsmitteln enthalten sind. Die Erbsen z. B. enthalten in Prozenten 0,010 Eisenoxyd, 0,410 Kieselerde, 0,058 Kalk, 0,038 Chlor, 0,136 Magnesia, 0,739 Natron, 0,190 Phosphorsäure, 0,010 Thonerde etc. Nachdem diese einzelnen Stoffe durch die Einwirkung des Speichels, der Magensäure, kurz durch die Verdauung von den übrigen Bestandtheilen der Erbsen, von ihrem Eiweiss, Schleim, Stärkmehl, Fett, von ihren Extractivstoffen etc. getrennt sind, werden sie unversehrt in das Blut aufgenommen, und an denjenigen anatomischen Localitäten abgesetzt, welche ihrer zum Ersatze des Verbrauchten bedürfen. Dadurch empfängt also z. B. das Knochensystem allein schon von den Erbsen, sowie von anderen Nahrungsmitteln seinen Kalk, seine Magnesia,

Von den getrockneten Pflanzen oder Wurzeln legt man einen Theil, klein geschnitten, in zehn Unzen Weingeist, z. B. eine

Kieselerde, Phosphorsäure, sein Eisen, Natron etc., aus welchen Stoffen es auch zusammengesetzt ist; aber alle diese Stoffe gelangen weder in die Erbsen, noch in das Knochensystem anders, als, um mit Liebig zu sprechen, in einem Zustande unendlicher Vertheilung, und weder in den Erbsen, noch in den Knochen befinden sie sich anders, als in demselben Zustande.

Die stoffliche Zusammensetzung aller Organe unseres Körpers ist folglich eine moleculäre, d. h. eine aus vielen unwägbaren Massentheilchen der Nahrungsstoffe hervorgegangene und in dieser Form den Verbrauch ersehende; folglich können auch alle Heilstoffe, die gegen die Bedingungen der Krankheiten gerichtet sind, nicht anders als in der Form der homöopathischen Verdünnungen eine Wirksamkeit besitzen.

Als Transportmittel hiezu dienen die Gesetze des Blutumlaufes, aber nicht für die Molecularstoffe der Nahrungsmittel allein, sondern auch für alle Stoffe der Aussenwelt, die dem Blute theils durch die Schleimhäute der Mundhöhle etc., theils durch die Lungen zugeführt werden können, denn der Blutstrom ist auch mit einem Strome der atmosphärischen Luft in beständiger Berührung; somit ist der Blutstrom auch das Transportmittel für die Krankheitstoffe und für die Heilstoffe, wie für die Nahrungsstoffe.

Alle diese Stoffe verbinden sich jedoch nicht mit den Stoffen des Organismus bloss nach chemischen Begriffen, sondern nach dem Gesetze der Anziehung des Ungleichartigen und nach dem der Abstossung des Gleichartigen in der Berührung und in die Ferne, nach welchen z. B. schon die Blutzellen in der Blutflüssigkeit sich selbst in bestimmten Abständen auseinanderhalten. Dieses Gesetz kann an verschiedenen Stellen durch verschiedene minimale Krankheitsursachen ausser Wirkung gesetzt werden, so dass die Blutzellen, z. B. in den Entzündungen, aneinander kleben, indem ihre spezifische Construction gestört wurde, was wegen ihrer complicirten Zusammensetzung sehr leicht durch moleculäre Krankheitsstoffe geschehen kann. Jede der einzelnen an und für sich schon unwägbaren Blutzellen besitzt nämlich nur eine Grösse von 0,003 pariser Linien und dennoch enthält und behält, kraft ihrer eigenen Selbstthätigkeit, jede einzelne die in ihr fast unendlich kleinen Prozente

Unze getrockneter Arnica-Wurzeln auf zehn Unzen Weingeist, lässt sie 3—4 Tage an einem schattigen Orte unter

---

von 0,073 phosphorsaurer Magnesia, 0,114 phosphorsaurem Kalk, 1,84 Natrium, 3,323 Kalium, 0,134 Phosphorsäure, 1,186 Chlor und in ihrer membranöseu Hülle auch Schwefel, und Eisen in ihrem Globulin. Eine solche Selbstthätigkeit besitzen nicht bloss die Blutzellen, sondern alle Molecule und Gewebe, aus denen unser Organismus zusammengesetzt ist. So z. B. bewahrt auch die Wand der arteriellen Blutgefässe ihre Selbstthätigkeit, indem sie nicht nur die Blutzellen von sich ferne hält, so dass dieselben nur in der Mitte des Gefässes circuliren; sondern auch ihr Lumen dem Volumen ihres Inhaltes anzupassen vermag.

Diese Selbstthätigkeit des Organismus und seiner Theile ist aber keine willkürliche, sondern selbst wieder an Gesetze gebunden, wie jede wahre Freiheit keine Willkür sein kann, sondern durch Gesetze geschützt werden muss. Sie ist schon durch jene Gesetze der Anziehung und Abstossung der verschiedenen Stoffe, ähnlich wie die elektrochemische Reihe der einfachen Stoffe in der anorganischen Natur bedingt, also selbst nur möglich und bedingt durch die Receptivität oder Erregbarkeit. Denn die Ursache jeder inneren Thätigkeit unseres Organismus ist nichts von aussen her in uns Bewirktes, sondern etwas innerlich Hervorgebrachtes, und da der Wechsel dieser inneren Thätigkeiten ohne unser Zuthun stattfindet, so muss der Organismus auch eine Empfänglichkeit für äussere Reize besitzen, unter deren Einwirkung nicht nur seine Selbstthätigkeit fortlebt, sondern auch verändert werden, das heisst, erkranken kann.

Nicht einmal eine Blutzelle kann gesund bleiben, wenn ihr auch nur einer ihrer moleculären Stoffe genommen würde oder wenn sie gezwungen wäre, zu viel davon aufzunehmen.

Alle diese physiologischen Vorgänge sind nämlich nach dem Gesetze der proportionalen Oscillation, nach dem der Specification und nach den Gesetzen der Diosmose auf gewisse Grenzen eingeschränkt.

Gleich wie nach dem dynamischen Gesetze der proportionalen Oscillation auf die im Schnee empfundene Kälte sich von selbst wieder Wärme einstellt, oder wie auf die Reizung eines Nerven durch den positiv elektrischen Strom in demselben ein positiver Strom entsteht, der jedoch nach und nach wieder von selbst gelegenheitlichem öfteren Aufschütteln stehen; seiht dann das Ganze durch Leinwand und die Arnicatinctur ist fertig.

In den negativen übergeht und wie nach diesem Gesetze, welches die Organisation der ganzen Erde und was auf ihr lebt beherrscht, auf Erregung wieder Erschlaffung erfolgt, so vermag auch das Blutgefäss sich nur innerhalb gewisser Grenzen dem Volumen seines Inhaltes anzupassen; so geschehen die Erscheinungen der Respiration etc. oscillirend; so erfolgt im kranken Zustande das Schwanken von Frost und Hitze, das Auftreten der sogenannten Krisen, so das oben erwähnte Schwanken der Pulsfrequenz und Kohlensäureausscheidung am Tage und bei der Nacht etc.

Während dieser periodischen Wiederkehr aller organischen Thätigkeiten reproducirt sich der Organismus unausgesetzt mit Hilfe der Nahrungsstoffe; in Krankheiten also mit Hilfe der Heilstoffe, welche daher diesem Zwecke ebenfalls nur in Molecularform dienen können.

Die anatomische Zusammensetzung aller Organe und ihrer Theile ist einerseits aus dem sogenannten Bindgewebe gebildet und dieses ist das Gerüste, der Träger derselben. In diesem Bindgewebe sind anderseits die verschieden gestalteten Zellen, die Muskelzellen, Nervenzellen etc. eingelagert. Diese Zellen finden wir ähnlich wie die freien Blutzellen und das Ei aus einer sie umschliessenden Hülle oder Membran, und aus einem meist beweglichen Inhalte construirt, in dessen Mitte der Kern liegt. Diese Hüllen bilden die anatomische Basis für die Diosmose, d. h. für die Einsaugung der Stoffe, die durch den Blutumlauf den Zellen und ihrem Inhalte aus den Nahrungsmitteln zugeführt werden, so wie für die Abgabe der in ihnen verbrauchten Stoffe.

Von den Bewegungen dieser Diosmose kann man sich eine Vorstellung machen, wenn man eine an beiden Enden mit einer Membran, einer Blase, verschlossene und mit Wasser gefüllte Glasröhre in Salzwasser legt, worauf allmählig durch diese Membran hindurch nach dem Gesetze der Anziehung und Abstossung eine Ausgleichung in der Art geschieht, dass das Wasser in der Glasröhre salzhaltig wird und aus der Glasröhre dafür die entsprechende Quantität Wasser austritt. Das geht so fort, bis das Wasser innerhalb und ausserhalb der Glasröhre gleichen Salzgehalt besitzt, womit alle Bewegung aufhört.

Nach diesen Gesetzen der Diosmose aber lassen zwar die Zellenmembranen die mit dem Blute kreisenden Stoffe der Aussenwelt

Während des letzten Ausmarsches bemerkte ich indessen bei mehreren Offizieren, von gewissenlosen Apothekern unrichtig bereitete Heilmittel, und daher ist es am rathsamsten, sich alle im

---

einestheils um so leichter hindurch, je verdünnter sie sind, anderntheils aber auch, je nach den Bedingungen ihres specifischen Baues und den chemisch-physikalischen Gegensätzen jener Stoffe zum Zelleninhalte.

Auf diese mannigfaltige Weise erfüllt sich endlich das Gesetz der Specification, nach welchem uns die Natur die specifischen, d. h. eigenthümlichen Gestalten und Bewegungen der Theile wie des Ganzen eines jeden pflanzlichen oder thierischen, so auch des menschlichen Organismus alle Generationen hindurch fort und fort in gleicher Zusammensetzung entgegenbringt, weil immer nur aus einer gleichen stofflichen Zusammensetzung auch die gleiche Form und dynamische Bewegung, d. h. Function entspringt. Die Leber hat z. B. eine andere stoffliche Zusammensetzung als die Nieren, folglich auch eine andere Gestalt, und die Bewegungen bestehen unter Anderem dort in Gallen-, hier in Harnabsonderung.

Die Natur weist uns selbst überall mit scharfen Zügen auf alle diese Gesetze der Ernährung und Function hin. So z. B. athmen die Seethiere Wasser ein, wie wir die Luft. Sie geben es zwar wieder ab, behalten aber nicht bloss den vom Wasser absorbirten Sauerstoff bei sich, sondern auch kohlensauren Kalk, um ihr Gehäuse zu formen. Während jedoch das Gewicht der Austerschale das 2,78 bis 7,57fache des eigentlichen Thiers beträgt, enthält das Meerwasser den kohlensauren Kalk in der Verdünnung von $\frac{1}{10,000}$ seines Gewichtes, und könnte folglich die Auster in einem reicher mit Kalk geschwängerten Wasser nicht mehr ihre Schale bauen, sie müsste sogar sterben.

In chemischer Beziehung aber verbindet sich z. B. nicht einmal der von uns eingeathmete Sauerstoff der Luft unmittelbar mit dem Innern der Blutzellen, indem schon die Molecularconstruction der sie umhüllenden Membran ihn vorerst erregt, bindet und verdichtet. In den Haargefässen der Lungenarterie stösst das Blut die Kohlensäure ab und zieht dafür den Sauerstoff der Luft an; in den Haargefässen der Aorta dagegen stösst es den Sauerstoff ab und zieht dafür die Kohlensäure an, womit sich der Respirationsprozess erfüllt und so sehen wir überall, dass der Organismus den

Folgenden vorkommenden Heilmittel entweder von Herrn Dr. Fielitz in Braunschweig, oder von den Herren Apothekern Fuchss in Nürnberg, Schneider in Dresden, Gün-

todten Chemismus während des Lebens ausschliesst, indem ersterer nach allen diesen Gesetzen dem letzteren allen möglichen Widerstand leistet, wesshalb auch die Diosmose während des gesunden Lebens es nie zur vollständigen Ausgleichung bringt.

Unser Körper ist also nichts als ein System von äusseren Einwirkungen und inneren Gegenwirkungen der mannigfaltigsten Art. In diesem Systeme unter dem Gesetze der Gleichheit der Wirkung und Gegenwirkung, oder kürzer, der Wechselwirkung, gibt es keine Ursache und eine darauffolgende Wirkung, womit Alles abgemacht wäre, wie wenn z. B. nach dem Blitze der Donner folgt und damit die elektrische Entladung der betreffenden Massen vollendet ist; sondern da wird jede Wirkung wieder zugleich die Ursache ganz anderer Wirkungen, wie wir z. B. von den von einander wechselseitig abhängigen mannigfaltigen Ursachen und Wirkungen des Branntweingenusses erfahren haben, wo er die Ursache des verminderten Einflusses des Sauerstoffes auf die organischen Gebilde ist, welche Wirkung zugleich zur Ursache der verminderten Ausathmung der Kohlensäure wird, was zugleich wieder die Ursache der vermehrten Fettbildung enthält, so dass offenbar hier z. B. der Branntwein nicht in unmittelbarer Causalverbindung mit der Fettbildung steht.

Dieses sind die hauptsächlichsten Gesetze der Ernährung und Function unseres Körpers; folglich ist also auch eine jede Heilung einer veränderten Ernährung und Function nur nach diesen Gesetzen möglich und die Homöopathie fand thatsächlich, dass jede Heilung nicht anders vor sich gehen kann.

Da nichts aus sich selbst erklärt werden kann, so musste ich die Beweise für die Wahrheit der Homöopathie aus der Physiologie etc. beziehen; aber obgleich diese Thatsachen, welche ich zugleich zur Erklärung der Naturgesetze der Homöopathie vorbrachte, grösstentheils von der physiologischen Medizin entdeckt wurden, so anerkennt dieselbe doch hartnäckig, wie in einem Zunftzwange, diese naturgesetzlichen Gründe nicht, wie das Auge zwar Alles vor sich sieht, sich selbst aber nicht zu durchschauen vermag.

Wenn also schädliche Einwirkungen von Stoffen der Aussenwelt und deren Kräften auf unseren Körper stattfinden, welche ein-

ther in Berlin, Jornay in Pesth, Matheides in Hamburg, Peters in Dessau, Schöpfer in Innsbruck etc.
schicken zu lassen. Dieselben wollen daher für die Herren

zelne oder mehrere Stoffe und Bewegungen desselben zu verändern, über die Grenzen der proportionalen Oscillation zu vermindern oder zu vermehren vermögen, so beobachten wir entsprechende veränderte, d. h. krankhafte Erscheinungen, die uns anzeigen, welche Theile und Functionen des Körpers von solchen Einwirkungen betroffen, d. h. krank wurden, mögen sie nun von den Eltern ererbt oder später erst auf uns stattgefunden haben.

Wollen wir also, um zu heilen, nicht gegen die Gesetze des Organismus verfahren, sondern nur nach ihnen, so müssen wir begreiflich Molecularstoffe haben, von denen wir ferner im Voraus wissen, dass sie einen mit der Krankheitsursache übereinstimmenden, also ähnlichen Wirkungskreis in unserem Körper thatsächlich besitzen, d. h. also, ähnliche Erscheinungen hervorzubringen vermögen, wie die Krankheitsursachen selbst.

Um auch diesen Besitz zu erwerben, können wir nur den lebendigen Organismus zu Rathe ziehen, nicht seine Leiche, nicht einmal aus seinem kranken Zustande vermögen wir auf eine Ursache zu schliessen, welche ihn gesund machen könnte, obgleich die physiologische oder sich selbst euphemistisch als rationell bezeichnende Medizin unablässig mit solchen falschen Urtheilen sich beschäftigt.

Wir gelangen also in diesen Besitz nur, wenn wir die Stoffe der Aussenwelt zuvor über ihre Wirksamkeit an unserem eigenen Körper prüfen, welches Princip einzuhalten die physiologische Medizin bisher gänzlich verschmähte.

Haben wir auf solche Weise die Wirkungskreise, welche die verschiedenen Stoffe der Aussenwelt in verschiedenen Individuen, Altern, Geschlechtern unter verschiedenen Umständen beschreiben, kennen gelernt und dadurch in Erfahrung gebracht, welche der obigen Gesetze der Ernährung und Function diese Stoffe zu verändern vermochten, so können wir Vergleiche zwischen den Wirkungskreisen derselben und denen je eines beliebigen Krankheitsstoffes ziehen.

Nehmen wir z. B. eine der schwersten acuten Erkrankungen auf ihrem Höhepunkte, die epidemische Ruhr. Sie zeichnet sich aus durch blutige, schleimführende, mit Eiter vermischte diarrhoische

Offiziere aus den Pflanzen die Tincturen abgeben, nur von einigen wenigen Stoffen die bei ihnen stehenden mit Zahlen bezeichneten Decimalverdünnungen. Man gibt, wo nicht

---

Stühle, welchen heftige Leibschmerzen vorausgehen, während der Stuhlzwang anhält und auf der Schleimhaut des Dickdarmes massenhafte Geschwürbildungen mit geschwollenen, schwarzbraunen Rändern und Schorfen zugegen sind.

Ganz dasselbe Krankheitsbild gewinnen wir aus den Prüfungen der Salpetersäure an uns; jene Verheerungen der Schleimhaut aber auch bei Vergiftungen gesunder Menschen mit dieser Säure. Selbst Herr Prof. Dr. Wunderlich fand, dass, während bei diesen Vergiftungen in der Mund- und Rachenhöhle und im Schlunde oft nur geringe Zeichen von Erosionen erzeugt werden, den ganzen Darmkanal entlang, keine Spur von Veränderung zu sehen ist, und erst wieder im Dickdarme beobachtete er ähnliche Darmwulstungen, Geschwür- und Schorfbildungen, wie bei der Ruhr, so dass hier von einer chemischen Wirkung der Salpetersäure auf den Dickdarm keine Rede sein kann, sondern nur von einer spezifischen Wechselwirkung, weil eine chemische Wirkung nach dem Causalgesetze einen Sprung von 15—16 Ellen, von der Mund- und Rachenhöhle über den Dünndarm bis zum Dickdarm gemacht haben müsste, was unmöglich ist.

Wir können also hier die Aehnlichkeit der Veränderungen der Ernährung und Function in beiden Erkrankungen aus verschiedenen Ursachen, bei der Ruhr auf ihrem Höhepunkte sowohl, als bei der Salpeterprüfung und Vergiftung nicht verkennen.

Um als zweites Beispiel eine der schwersten chronischen Erkrankungen anzuführen, nehme ich den Fall von Beinfrass, den man Enchondrom nennt, der in einer Art von Verknorpelung der Knochen besteht und welchen die physiologische Medizin mit Messer und Säge entfernen zu müssen glaubt, nur aber um früher oder später an anderen Knochen dieselbe Erkrankung wieder hervortreten zu sehen; denn mit solchen Operationen können die Bedingungen der Krankheit nicht gehoben werden. Aus ihren Arzneiprüfungen entdeckte dagegen die Homöopathie, dass die Kieselerde Bedingungen im Organismus erzeugt, welche eine ähnliche Knochenkrankheit in Folge der Abstossung des Gleichartigen zum Produkte haben.

ausdrücklich anders bestimmt ist, zum innerlichen Gebrauche 3—4 Tropfen dieser Tincturen oder Decimalverdünnungen, auf ohngefähr einen Schoppen = ¼ Mass = 6—8 Unzen

Wir wissen, dass die Kieselerde selbst einen minimalen Bestandtheil des Knochens ausmacht, der Knorpel keine Kieselerde enthält, somit zur Bildung von Enchondrom, die in den Nahrungsmitteln enthaltene Kieselerde in Folge des veränderten Ernährungsprozesses nicht mehr vom Organismus zurückbehalten wurde, dass wir also dem Kranken Kieselerde als Nutritions-Mittel geben müssen. Doch wirken die wenigsten Heilstoffe nur nutritiv; d. h. zum Ersatze des Verlorengegangenen, sondern immer zugleich dynamisch, d. h. functionell und die meisten nur functionell, wie z. B. die Salpetersäure, welche keinen Bestandtheil des Organismus ausmacht.

Wie in den Säften und Geweben des menschlichen Organismus selbst Stoffe, aus denen er zusammengesetzt ist, wie Phosphor, Schwefel, Eisen in anderen Verbindungen vorkommen, als die sind, in welchen sie ihm in den Nahrungsmitteln dargeboten werden; wie der Organismus seinen Bedarf an phosphorsaurem Kalke auch aus seinen im Körper schon vorhandenen anderweitig zugeführten näheren Bestandtheilen, z. B. aus kohlensaurem Kalke bildet; so kann im Innern des Organismus z. B. auch der fehlende Stickstoff erkrankter Theile durch Phosphor, Arsen, Antimon, Wissmuth etc. so lange vertreten werden, bis es der Selbstthätigkeit des Organismus, nach dem Gesetze der proportionalen Oscillation, nach dem der Anziehung des Ungleichartigen und der Abstossung des Gleichartigen etc. gelungen sein wird, unter dieser künstlichen Substitution sich nach dem Gesetze seiner Specification mit Hilfe der gesund gebliebenen Theile zu regeneriren, d. h. im gegebenen Beispiele in einer Erkrankung aus Mangel an Stickstoff zu heilen. Eben so beruht auch die durch die Darreichung der Kieselerde stets erfolgende homöopathische Heilung des Enchondrom auf der Neigung der Kieselerde, mit der Kalkerde sich zu vereinigen.

Nach denselben physiologischen Gesetzen der Ernährung und Function erfolgt auch die Heilung der epidemischen Ruhr in jenem Stadium unter dem Gebrauche der Salpetersäure, wenn die übrigen Wirkungskreise der Krankheitsursache der Ruhr und die Wirkungskreise der Salpetersäure der Form nach mit einander überein-

Wasser und nimmt davon in einer der folgenden Erkrankungen stündlich einen Theelöffel voll, nachdem das Ganze
gut umgerührt wurde und dann mit einem geruchlosen Ge-

---

stimmend, d. h. wenn ähnliche, aber nicht gleiche Bedingungen zur Heilung und zur Erkrankung gegeben sind.
Es gibt z. B. kaum eine Erkrankung, bei der es für die
richtige Anzeige des Heilmittels so sehr auf die Berücksichti-
gung aller jener Bedingungen ankäme, wie das Wechselfieber,
namentlich wenn es längere Zeit angedauert hat oder irrationell
durch Chinin unterdrückt wurde. Ein Wechselfieber z. B., welches
weder im Frost- noch Hitzestadium von Durst begleitet ist, dagegen
von Schlafsucht, Ohnmacht, Aengstlichkeit etc. kann nicht durch
Chinin, sondern nur durch Tart. emet. geheilt werden, weil in dem
Wirkungskreise des Chinin zwar eine Form von Wechselfieber
vorkömmt, welcher aber diese begleitenden Symptome fehlen, die
in dem Wirkungskreise des Tart. emet. auftreten. Aus denselben physiologischen Gründen ist ein Wechselfieber, welches von Glieder-
schmerzen, Durchfall, Schlaflosigkeit, Nesselausschlag etc. begleitet
ist, nur durch Rhus toxicodendron heilbar; tritt es Abends mit Frost
auf, der die ganze Nacht andauert, ohne dass Hitze und Schweiss
erfolgen, oder ist überhaupt andauerndes Kältegefühl vorherrschend,
so kann nur durch Aranea diad. die Heilung einer solchen Wechselfieberform erfolgen; so bei scrophulösen Kindern durch Silicea etc.
Es mussten also begreiflich diese Heilmittel, als sie an verschiedenen Individuen geprüft wurden, zuweilen ähnliche organische
Bedingungen vorgefunden haben, wie das Sumpfmiasma, da sie
ebenfalls lauter Wechselfieberformen erzeugten.

Aus diesen wenigen Beispielen ergibt sich die anatomische,
chemisch-physikalische und physiologische Basis für den Wortlaut
des homöopathischen Aehnlichkeitsgesetzes von selbst: dass von
zwei aus verschiedenen Ursachen entstandenen Krankheiten, die eine durch die Ursache der anderen um
so sicherer und schneller geheilt wird, je mehr beide
Krankheiten, nämlich die eine künstlich aus den Arzneiprüfungen erzeugte und die andere zufällig entstandene, der Form
nach mit einander übereinstimmen, d. h. einander ähnlich sind.

Daher sind alle die Krankheitsbegriffe der physiologischen
Medizin, die ohnehin nie das Ganze der Erkrankung erkennen

genstand zugedeckt wird. Das Umrühren dieser Mischungen muss vor jedem Einnehmen desswegen geschehen, weil durch

lassen und nur auf einzelne Symptome das Augenmerk der Aerzte richten, überflüssig geworden, und es kann z. B. gleichgiltig sein, ob wir eine Bleichsucht, einen Bluthusten, eine Lungensucht, Gicht, Entzündung etc. etc. vor uns haben, denn wir wissen, dass alle diese Formen, so bald sie auch mit den übrigen sie begleitenden Erscheinungen uns anzeigen, dass sie z. B. in dem Wirkungskreise des Eisens liegen, alle mit Eisen geheilt werden können, oder liegen dieselben Krankheitsformen in dem Wirkungskreise des Glaubersalzes, nur von diesem ihre Heilung erfahren.

Wollten wir dagegen nur nach dem Gesetze der Bewirkung, wie die physiologische Medizin lehrt, z. B. in jeder Bleichsucht Eisen aus dem Grunde geben, weil die Bleichsucht mit Mangel an Eisen im Blute einhergeht, so würden wir in dieselben Trugschlüsse verfallen sein, wie diese Schule, denn wir können ohne Bekanntschaft mit den Arzneiprüfungen im Voraus nicht wissen, was die Ursache dieses Mangels an Eisen im Blute ist, und von welchen Bedingungen dieser Mangel abhängt — da mag die physiologische Medizin über solche Fragen ihre Untersuchungsmethoden des Krankheitsproduktes vergeblich zu Rathe ziehen. Noch weniger wird es ihr gelingen, mit den grossen Dosen, in denen sie ihre Heilmittel zu geben gewohnt ist, irgend ein Ziel zu erreichen, dagegen wird sie weit mehr schaden, als irgend einen Vortheil bringen, wie schon aus dem bisher Vorgetragenen auch dem Laien begreiflich sein wird.

Schon wegen ihrer schlechten Erfolge am Krankenbette machte endlich diese Schule die sublime Aufstellung der exspectativen Methode, d. h. lieber nichts zu thun, als zu schaden, lieber nur zu dem Kranken zu kommen, ihn zu sehen, etwas Indifferentes ihm zu verschreiben, „damit er Etwas habe," und — zu gehen, — sicherlich ein höchst auffallender Berufszweig.

Bezeichnet man nun solche Wirkungen und Gegenwirkungen, welche die Stoffe der Aussenwelt in unserem Körper veranlassen und nur in bestimmten Theilen eines oder mehrerer Organe auftreten, desswegen „s p e c i f i s c h e," weil sie nach dem G e s e t z e d e r B e h a r r l i c h k e i t d e r S t o f f e und K r ä f t e in jedem neu gegebenen Falle mit naturgesetzlicher Nothwendigkeit unfehlbar immer wiederkehren; so können solche Heilungen nach der Indication durch das Aehnlichkeitsgesetz, wie oben mit Salpetersäure in der Ruhr etc. In s t o f f l i c h e r Beziehung zwar nur nach den Gesetzen der Ernäh-

das längere Stehenbleiben immerhin Theilchen der Heilmittel
sich mehr oder weniger zu Boden senken.

rung, aber in dynamischer Beziehung nur nach dem Gesetze
der Anziehung des Ungleichartigen und der Abstossung des Gleichartigen möglich sein. Die Dosis der Heilstoffe
muss sich also auch nach der Quantität der Krankheitsstoffe richten
und nach den dynamischen Gesetzen des Organismus zugleich,
d. h. auch nach dem Gesetze der Relativität aller Bewegung. Da noch Niemand weder durch chemische noch mikroscopische Untersuchungen zu ermitteln oder zu wägen vermochte, wie
viel z. B. an ansteckendem Krankheitsstoff in dem, dem Eiter ganz
gleichen Secrete der Syphilis enthalten ist, oder wie viel Sumpfluft Wechselfieber erzeugt etc., obgleich diese unwägbaren Stoffe
so kolossale Verheerungen im Organismus anrichten, so können
wir nicht hoffen, mit grösseren Quantitäten der Heilmittel Heilungen zu vollbringen, sondern eher mit noch viel geringeren wegen
der nöthigen Wiederholung der Dosis.

Schon das Verhältniss des Blutes zu den Nerven sollte vor der
Darreichung so grosser Dosen der Arzneimittel, wie sie in der physiologischen Medizin leider noch gebräuchlich sind, abwehren.
Die isolirende abstossende Eigenschaft der Gefässwände z. B.
rührt von ihren Nerven her, die zu den Blutzellen in dem Verhältnisse des Gleichartigen stehen, und ist so stark, dass die Blutzellen
gegen die Gesetze der Hydraulik bei den Theilungen der Gefässe
nicht an den Vorsprüngen der Gefässwände anschlagen, sondern
auseinanderlaufen.

Die Blutgefässe aber sind selbst wieder das Werk der Blutzellen. Diese bilden sich ihre Gefässe in den sogenannten Entzündungen so gut, wie schon im Embryo. So gibt es eine Menge physiologischer Thatsachen, auch schon das Erröthen vor Freude und
das Erblassen vor Entsetzen, welche beweisen, dass es sich bei der
Heilkunst oder Therapie nur um eine Moleculartherapie handeln
kann, um die Zufuhr der Heilmittel in ihrer unwägbaren Molecularform und nicht in solchen erfassbaren Quantitäten, als dürfte
man den Körper sogar in seinem kranken Zustande pfundweise mit
allen möglichen Mixturen tractiren.

Auch die Mischung von vielerlei Arzneimitteln in einem Vehikel
ist irrationell, weil die meisten dadurch aufeinander verändernd
wirken. Dagegen gibt die Homöopathie auch jedesmal nur einen

Im Besserungsfalle soll jedesmal seltener genommen werden, also nur mehr zwei- oder dreistündlich. Der Löffel

Heilstoff oder höchstens zwei, aber von einander getrennt und in aufeinanderfolgendem Wechsel.

Die Bestandtheile der Nahrungsmittel, die Nahrungsstoffe müssen eben so, wie die Krankheits- und die Heilstoffe zuerst Blut werden oder wenigstens in's Blut übergehen können, wenn sie ihre Wirkung auf Ernährung und Function entfalten sollen. Das ist zwar eine bekannte Thatsache in der Physiologie, aber die Kliniker der physiologischen Medizin und ihr Anhang nehmen keine Notiz davon und verordnen ganze Flaschen voll Mischungen in solchen grossen Quantitäten, dass sie die Entfaltung jener Wirkungen entweder verhindern oder überstürzen, wovon jeder Tag sprechen kann.

Dieser sogenannten rationellen Medizin ist bisher nicht einmal ein rationelles Maas für die Dosis eingefallen; für einen naturgesetzlichen Zusammenhang der Quantität der Dosis mit den Stoffen und Kräften des Organismus hat sie den Kanon so wenig gefunden, dass sie schablonenmässige Arzneiformeln aufstellte, in denen so viel eines jeden beliebten Stoffes enthalten sein darf, als das individuelle Gutdünken erheischt, wenn nur keine acute Vergiftung daraus entsteht, was doch zu sehr störend in's Gewicht fallen möchte. Wohl aber dürfen chronische Vergiftungen, von denen der Laie nichts versteht, am liebsten mit Quecksilber, Jod und Chinin etc. eingeleitet werden, was ebenfalls täglich an jedem allopathischen Krankenbette im Gegensatze zu den homöopathischen beobachtet werden kann. Diese sogenannte rationelle Medizin stellt eine Menge Arzneimittel unter jeden Krankheitsnamen, weil bald das eine, bald das andere geholfen zu haben schien, aber sie hat kein Gesetz dazu, nach welchem zu erkennen wäre, in welchem ferneren Falle das eine oder andere dieser Arzneimittel nothwendig und mit Vorhersage desselben Erfolges gegeben werden kann.

Die Modalität des Aehnlichkeitsgesetzes ist darin begründet, dass 1) kein Organ des menschlichen Körpers, nicht einmal ein Molecul desselben, aus einem einzigen Stoffe zusammengesetzt ist, dass aber auch 2) jedes Organ oder Molecul mehrere Functionen in seiner specifischen Sphäre auszuüben vermag.

Aus Ziffer 1. folgt nämlich, dass die Symptome eines erkrankten Theiles, je nach der Verschiedenheit der durch verschiedene Ursachen erlittenen stofflichen Veränderungen einander nicht gleich

3*

der einmal im Munde war, darf, ohne gereinigt zu sein, nicht wieder in diese Mischungen kommen. Nach 24—36

sein können; aus Ziffer 2. dass die Krankheitssymptome, die an einem und demselben Organe wahrnehmbar sind, wenn auch aus verschiedenen Ursachen entstanden, doch der Form nach miteinander übereinstimmend, d. h. einander ähnlich sein müssen.

Da wir ferner nach dem Gesetze der proportionalen Oscillation wissen, dass zwischen scheinbar entgegengesetzten Symptomen, z. B. zwischen Frost und Hitze, Verminderung und Vermehrung der Pulsschläge, Erregung und Erschlaffung etc. auch k e i n G e g e n - s a t z besteht, sondern ebenfalls nur eine Verschiedenheit d e r s o l b e n Function je nach Grad, Maas oder Zahl, so ist klar, dass uns das Aehnlichkeitsgesetz auf die stoffliche Zusammensetzung unseres Organismus hinweisst; diese scheinbaren Gegensätze aber zum Theil von diesem Naturgesetze, zum Theil von der Dosis des Krankheits- oder Heilstoffes abhängen.

Naturgesetzliche Heilungen zu vollziehen, dazu können wir folglich nach allseitiger Erwägung nicht diejenige Dosis der Heilmittel gebrauchen, welche die physiologische Medizin im Gebrauche hat. Daher sind bei allen Heilversuchen dieser Schule, welcher jede naturgesetzliche Erfahrung abgeht, begreiflich alle Kranken, mit jedem neuen Recepte jedesmal einem neuen zweifelhaften Experimente ausgesetzt; während die von der Homöopathie unternommenen Heilungen, für welche die Naturgesetze gefunden sind, zur Zeit nicht mehr erst der deductiven Bestätigung am Kranken bedürfen, weil ihr Erfolg von Naturgesetzen abhängig, somit a priori vorausgesagt werden kann.

Wenn man weiss, dass z. B. die kleine Krystalllinse des Auges mit ihrem Wasser, Eiweiss und Globulin, auch Chlormetalle, schwefelsaures Natron, phosphor- und kohlensaures Kali, Natrumammoniak, phosphorsauren Kalk in so verdünntem Zustande enthält, dass sie dessenungeachtet vollkommen durchsichtig ist, so muss man anerkennen, dass diese moleculären Quantitäten unmöglich ohne Beziehung zu einander in dieser Linse vorhanden sein können. Im Gegentheile, ihr Vorhandensein ist ein gegenseitig bedingtes und muss nach dem Gesetze der Anziehung und Abstossung im Gleichgewichte, d. h. in Spannung erhalten werden. Ereignet sich jedoch irgendwo eine moleculäre Veränderung dieser Stoffe, so dass sie andere Verbindungen eingehen müssen, so wird die Linse trüb, es bildet sich der sogenannte graue Staar. Es dürften z. B. nur durch

Stunden werden diese Mischungen, besonders im Sommer, trüb und müssen daher hinweggeschüttet und erneuert werden.

---

ein minimales Plus an Wasser in der Linse die Alkalien, welche an die Milchsäure des Globulin im Auge gebunden sind, frei worden, so müsste Trübsichtigkeit entstehen. Wenn auch derartige Verhältnisse genau an die Polarität der physikalischen Elektricität und an den physikalischen Magnetismus erinnern, so sind dieselben zwar im menschlichen Organismus, als einem Kinde der Erde, nothwendig vorhanden, aber unter anderen stofflichen Bedingungen, folglich auch unter anderen Erscheinungen, so dass auch hier ein stoffliches Minimum an einem Orte, auf den es zu wirken vermag, die vorhandenen Gegensätze oft für lange Zeit auszugleichen, oder zu verändern, oder neue zu bilden vermag. Dieser Dualismus, welchen jedes einzelne Molecul des Organismus vermöge seiner Zusammensetzung, gleich dem Blutkörperchen, in sich selbst und in Beziehung auf seine Umgebung besitzt, erklärt uns zugleich die Wirkungsweise der Heilstoffe nach dem Aehnlichkeitsgesetze bis auf ihre letzten Gründe.

Solche Veränderungen, wie sie auch im grauen Staar aus verschiedenen Ursachen vorkommen, haben aber wieder nicht im Auge allein ihren Sitz, denn auch diese Erkrankung ist jedesmal nur ein örtliches Produkt, aus weit mehr allgemeineren organischen Bedingungen, welche uns die Anhaltspunkte zur Heilung nach dem Aehnlichkeitsgesetze geben. Eine solche Heilung kann nach allem Mitgetheilten unmöglich nach dem Causalgesetze, sondern nur nach dem der Wechselwirkung eingeleitet werden, daher nur mit den Verdünnungen der Stoffe, deren sich die Homöopathie bedient, die ebenfalls Trübsichtigkeit erzeugen, wie die der Belladonna, des Schwefels, des kohlensauren Kalkes etc. So erwarb sich die Homöopathie durch ihre Arzneiprüfungen den tiefsten Einblick in den lebendigen Chemismus des Organismus. Mir gelang es mit Sulph. 30, und Calcar-carb. 30, Morgens nnd Abends im täglichen Wechsel und in Intervallen von mehreren Wochen gegeben, bereits acht solche staarblinde Augen wieder vollkommen sehend zu machen, wovon zwei hier in Nürnberg leben, obschon sie von den berühmtesten Augenärzten für unheilbar und nur für die Operation reif erklärt wurden.

Die Erwartung, die ich schon im verflossenen Jahre in dem Sendschreiben an Liebig aussprach, ist eingetroffen. Es wurden nun

Man kann, was man eben nöthig hat, in einem Fläschchen
bei sich führen; dieses ist aber nicht wieder zur Aufnahme

durch Dr. Ch. O z a n a m und G r a n d e a u, Professor der Physik an
der Ecole normale in Paris, die Heilmittel in den homöopathischen
Verdünnungen wirklich als ausgedehnte Objecte durch die Spectralanalyse nachgewiesen, z. B. das salzsaure Lithium in der 5. Cen-
tesimaldilution. Auch erzählt Dr. Ozanam, zur Bestätigung des Inhaltes in dem § 83 jenes Sendschreibens, obgleich dieser § den Gegnern am meisten Kopfzerbrechen und Schwindel verursachte: Jede
der Dilutionen, die er untersuchte, war, um den Versuch zu erleichtern, mit einem Tropfen Salzsäure angesäuert worden, und dessenungeachtet war das Lithium bei der Spectralanalyse mit allen charakteristischen Zeichen erschienen; die Infinitesimaldosis war daher
durch die Gegenwart einer verhältnissmässig kolossalen Menge von
Säure durchaus nicht gestört worden. Somit ist, nachdem also auch
jeder Geschmack der Empiriker befriedigt wurde, die einfältige
Fabel der Gegner über die Wirkungslosigkeit der homöopathischen
Verdünnungen für immer abgethan und werden die Medizinalbe-
hörden, wenn sie homöopathische Apotheken untersuchen wollen,
der Spectralanalyse nicht mehr entbehren können, aber gezwungen
sein, die Wahrheit der Homöopathie endlich selbst eingestehen
zu müssen.

Zur Zeit aber ordiniren die Herren Professoren sowohl wenn
sie sich anschicken wollen, staarblinde Augen zu heilen, wie auch
in allen Krankheiten, noch solche Quantitäten der Heilmittel, dass
an die Möglichkeit einer rationellen Heilung gar nie gedacht
werden kann. Doch bringen auch die Herren Professoren Wechselwirkungen mit ihren grossen Dosen hervor, aber nur unmittelbar
causale und und örtliche, massive und schädliche, wie z. B. bei
ihrem massiven Quecksilbergebrauche: Zahngeschwüre, Speichel-
fluss, Diarrhöe; aber darauf folgen erst die durch den Organismus
vermittelten Wechselwirkungen: Geschwüre in der Rachenhöhle am
Gaumensegel, auf den Geschlechtstheilen, Anschwellungen der Leistendrüsen, Knochenleiden, das Ausfallen der Haare etc., kurz, ganz ähnliche Krankheitserscheinungen, wie sie die Syphilis erzeugt. Da
sie nun Quecksilber auch in der Syphilis aus Tradition geben, ohne
dessen Prüfung am Menschen, ohne das Aehnlichkeitsgesetz und
die damit zusammenhängenden Verdünnungen der Heilstoffe zu
kennen, so wissen sie alsbald nicht mehr, welche dieser Symptome
an ihren Kranken dem Quecksilber und welche der Syphilis zuzu-

von Mischungen aus anderen Heilmitteln brauchbar, ehe es nicht zuvor mit destillirtem Wasser ausgekocht wurde.

---

schreiben sind. Das beweist faktisch der uralte aber noch andauernde Streit unter ihnen, zwischen denen, die Quecksilber in der Syphilis nicht geben, weil sie behaupten, die secundäre und tertiäre Syphilis sei nichts als die Wirkung des Quecksilbers, und denen, welche es geben, weil sie das Quecksilber als Specificum in der Syphilis anerkennen. Wo kein Prinzip und kein Gesetz ist, kann natürlich Jeder ungerügt thun, was ihm einfällt, wenn er nur eine Ausrede dafür in's Feld stellen kann, was ihm bei so gestalteten Verhältnissen nicht schwer wird.

Es ergeht ihnen dabei, wie überall, so auch mit einem anderen spezifischen Mittel, mit ihrem Missbrauch des Chinin im Wechselfieber. Da curiren sie mit ihren grossen Quantitäten von Chinin ihren Kranken dasjenige Wechselfieber an, welches durch solche Quantitäten von Chinin nothwendig entstehen muss; glauben dann doch, immer noch das ursprüngliche Wechselfieber vor sich zu haben und geben Chinin immer fort, bis ihre Unwissenheit das den Laien bereits bekannte Chinasiechthum erzeugte und die dadurch ausgebildete Wassersucht, Lungensucht etc. sie endlich zu anderen nicht weniger unpassenden Verfahrungsarten verleitet.

Anstatt dass die Herren Professoren bei solchen, obschon unverantwortlichen, doch für sie einzig zugänglichen Gelegenheiten das Aehnlichkeitsgesetz und seine Wahrheit an ihren eigenen Kranken beobachteten und durchschauen könnten, sehen sie dagegen, wie von Hinten im Kaleidoscop, wohl constant allerlei Farben, aber Jeder von ihnen sieht andere Figuren, und so streiten sie sich darüber, ob bei gleichen Farben die Figuren, die der Eine oder Andere sah, möglich oder überhaupt nur wirklich da waren und sein konnten oder können. Wie sie das, was sie wirklich im Kaleidoscop sehen, an seiner Vorderseite finden könnten, so fänden sie die Schlüssel zur Lösung aller ihrer Streitigkeiten und den Schutz vor aller Irrationalität in der Homöopathie.

Sind dagegen die homöopathischen Heilungen zwar ähnlich denen, wie sie bei spontanen Genesungen, die keiner Kunsthilfe bedürfen, vorzukommen pflegen, so geschehen sie doch unter ganz anderen Ursachen und Bedingungen, nämlich nicht durch die Selbstthätigkeit des Organismus allein, sondern durch die Kunst, mit welcher der menschliche Geist in freier Absicht zu helfen

Wenn ich in dem Folgenden die Heilmittel nur mit
ihrem Namen bezeichne, so ist darunter zu verstehen, dass

weiss, durch die Heilkunst nach den obigen Naturgesetzen. Mit
einer Kunst und Wissenschaft auf's Innigste vertraut zu sein, die
solche Gesetze und Erfolge aufzuweisen hat, wie die Homöopathie,
rechnet gewiss Jedermann jedem Arzte zur Pflicht an, weil sein
Beruf verlangt, Alles zu wissen und ausführen zu können, was zum
Heile der erkrankten Menschheit gehört und zwar um so mehr, als
die herrschende physiologische Medizin noch keine wissenschaftliche,
keine rationelle Heilkunst besitzt, sondern nur aus einer so leeren
Empirie besteht, dass sie von Jahr zu Jahr Sätze aufstellt, die von
Jahr zu Jahr wieder als falsch von ihr selbst verworfen werden
müssen, während die Grundsätze der Homöopathie bereits seit länger
als einem halben Jahrhundert als wahr und unumstösslich sich erwiesen haben.

Nach den Lehren der physiologischen Medizin stets nur allein
und in allen Fällen gegen die Krankheitsprodukte verfahren zu
wollen, das wäre eine leichte Kunst. Es ist vielmehr gar keine
Kunst, sondern nur ein palliatives, grösstentheils sogar verfehltes Verfahren mit verschiedenen Mixturen nichts als Erbrechen und Ab-
weichen zu verursachen, nichts als Blut zu entziehen oder zu nar-
kotisiren, zu irritiren, Schweiss oder Harn zu treiben, wie man an
einer todten Maschine die bewegende Kraft bald vermehrt, bald
schwächt; nur weiss man hier warum, dort aber ist das Warum
eine individuelle Anschauung ohne Gesetz und Regel. Dagegen
ist Nichts klarer, einfacher und natürlicher als die Aufgabe, nach
obigen Gesetzen zu heilen, d. h. dem Organismus in allen seinen
erkrankten Theilen die verloren gegangene Widerstandskraft gegen
schädliche Einflüsse zurückzugeben.

Alle die nun folgenden Heilstoffe sind weder dem Zufalle, noch
dem Autoritätsglauben entnommen, sondern nach obigen naturgesetzlichen Bestimmungen über ihren Wirkungskreis am lebenden
Menschen geprüft, und die Dosis, in der sie gereicht werden müssen,
ist ebenfalls naturgesetzlich festgestellt.

Gesetzt aber auch, es wäre ja einmal irgend einer dieser Heilstoffe nicht richtig gewählt, so könnte er natürlich nicht schädlich
werden, weil er dann gänzlich wirkungslos ist, indem er der unrich-
tigen Qualität wegen spurlos an den kranken Theilen vorüber-
geht und seiner geringen Quantität wegen ebenfalls keinen Einfluss auf die gesund gebliebenen Theile ausüben könnte, was so-

damit ihre Tincturen und Decimalverdünnungen in obiger Mischungsweise mit Wasser gemeint sind.

Die Prophylaxis bezieht sich auf die Angabe der Krankheitsursachen, auf die ersten Krankheitszufälle und deren Heilung, um sich vor der gefährlichen Ausbreitung der Ursachen zu bewahren. Im Besitze zahlreicher Ausgleichungsmöglichkeiten vermag sich unser Organismus zwar den verschiedenartigsten Einflüssen der Aussenwelt zu accommodiren, aber unser Kulturzustand hat ihn vor diesen Einflüssen von Jugend auf allzusehr geschützt und ihm dadurch dieses Accomodationsvermögen in hohem Grade geschwächt.

Einen grellen Wechsel der uns umgebenden Temperatur können wir nicht mehr ertragen, auch nicht ein plötzliches Sinken der eigenen Körperwärme, wenn auch nur an beschränkten Körpertheilen. Eine zu bald abgelegte Halsbinde, eine Ernässung der Füsse, können schon veranlassende Ursachen zur Erzeugung von sog. Erkältungen werden, d. h. Gelegenheit geben, dass jene chemisch-physikalischen Bewegungen dem ganzen Organismus sich mittheilen, welche jeder zu grelle und zu plötzliche Temperaturwechsel im Gefolge hat. Endlich ist die Form jeder Erkrankung von dem anatomischen Baue der betroffenen Theile und der Qualität der Krankheitsursache abhängig. Diese Formen allein

---

gleich an dem Ausbleiben der Besserung erkannt und auf einen anderen Heilstoff hinweisen würde. Daher kann ein Gesunder eine ganze Apotheke solcher Molecularstoffe verzehren, ohne Schaden zu nehmen; aber aus denselben Gründen können anderseits auch keine Arzneivergiftungen aus Unvorsichtigkeit vorkommen. Zugleich sind nur solche Heilstoffe für frische Erkrankungsfälle zur Verhütung schwerer Krankheiten angegeben, welche eine besondere Rücksicht auf die Verschiedenheiten der Individualitäten nicht verlangen, denn solche Unterscheidungsmomente zu erkennen, kann nur beim Arzte vorausgesetzt werden.

sind es, welche in ihrer Allgemeinheit die auch dem Laien
geläufig gewordenen Krankheitsnamen erzeugten. Aber als Produkte aus mannigfaltigen Grössen würden
sie uns nur eine geringe Einsicht in die speziellen Elemente
eröffnen, aus denen sie entstanden sind, wenn wir nicht auch
alle übrigen äusseren und inneren Umstände zu untersuchen
und zu würdigen verstehen, welche die verschiedenen Krankheitsformen begleiten. Daraus folgt, dass alle Krankheitsformen, wie sie in den Lehrbüchern mit Namen aufgeführt
sind, keine Selbstständigkeit besitzen. Doch muss ich diese
Namen der allgemeinen Annahme wegen beibehalten.

Die meisten Erkrankungen kündigen sich durch verminderten Appetit und vermehrten Durst an, oder man hat
über Mattigkeit und Kopfweh zu klagen und fühlt sich un-
aufgelegt. Bei solchen Vorläufern einer noch unentwickelten
Erkrankung muss man schon diesem Fingerzeige der Natur
Beachtung schenken, weniger essen und sich mehr an
die Getränke halten, an Wasser oder Zuckerwasser, um zu
sehen, ob der Organismus noch durch seine eigene Selbstthätigkeit sich sogleich helfen, d. h. genesen kann oder nicht.

Stellt sich aber ein Frösteln ein, welches zwar bald
wieder von selbst vergeht, worauf jedoch nicht selten Blut-
wallungen und ein eigenthümliches Gefühl von Wärme oder
Hitze entstehen, so sind auch schon die Pulsschläge, deren
Anzahl im gesunden Zustande beim Erwachsenen durch-
schnittlich 75 in der Minute ist, vermehrt, und die Krankheitsursache hat an Ausbreitung gewonnen. Diesen Symp-
tomenkomplex nennt man sodann Fieber.

Die Wärme unseres Körpers ist ein Ausfuhrprodukt,
welches bei der Summe mechanisch-chemischer Arbeiten an
den organischen Stoffen entsteht. Diese Arbeiten müssen
sich verhalten wie die Widerstände, welche die Arbeits-
objekte der Arbeitskraft entgegensetzen. Die Widerstände

verhalten sich aber wie die verwendete Arbeit, deren Resultat wir in der Abtrennung von Wasser, Kohlensäure und Stickstoff beobachten. Wo also, wie im Fieber, eine Erhöhung der Körpertemperatur entsteht, da muss sie durch vermehrte chemische Verbindungen und mechanische Bewegungen hervorgebracht sein. Auch die gleichzeitig massenhafte Erscheinung der Harnsäure als Bodensatz im Harne deutet immer darauf hin, dass die Neubildung der verbrauchten Stoffe, oder die Aufnahme von Sauerstoff im Fieber auf irgend eine Weise gestört ist. Folglich leistet der Organismus im Fieber schon nicht mehr den nöthigen Widerstand gegen die Krankheitsursache und ist dem todten Chemismus bereits anheim gefallen.

Aber das Fieber ist noch keine specielle Erkrankung, es kömmt des Abends und weicht am Morgen oder umgekehrt; es besteht also noch eine Oscillation zwischen der Wirkung der Krankheitsursache und den Gegenwirkungen des Organismus. Man darf daher seinen Frost nicht durch Erwärmungsmittel und seine Hitze nicht durch die Anwendung von Kälte zu bekämpfen suchen, wie man auf den Universitäten lehrt; aber man kann die Bedingungen der Möglichkeit dieser Ereignisse aufheben, wenn man Aconit gibt, unter dessen Einfluss das arterielle Blut permanent unter die Hautoberfläche congestionirt, wodurch auch Schweiss erzeugt, aus den erkrankten Organen das Blut entfernt und eine Blutentziehung überflüssig wird.

Hat man es übersehen, Aconit zu nehmen, so beginnen, wie man zu sagen pflegt, die Krankheitsursachen sich zu localisiren und es entsteht jene ebenfalls nicht specielle, sondern generelle Krankheitsform, weche man sehr unpassend Entzündung nennt. Man versteht darunter jene bereits erkennbaren Veränderungen der von der Blutanhäufung betroffenen Theile, welche Veränderungen je nach ihrer

Ursache oder nach ihrem Sitze verschieden, aber in ihrer allgemeinen Form überall dieselben sind. Die in sogenannter Entzündung begriffenen Theile röthen sich durch starken Blutandrang und schwellen in Folge dessen und durch die dabei vor sich gehende Ausschwitzung, d. h. durch die Exsudatbildung an; diese Anschwellung bildet wieder einen mechanischen Eingriff auf die Umgebung, wodurch Schmerz entsteht und alle diese vermehrte Arbeit diese veränderte, somit krankhafte Ernährung und Function solcher Theile, ist natürlich abermals von dem ihr entsprechenden Aequivalente an örtlicher Temperaturerhöhung begleitet.

Das Alles kömmt aber nach dem Einflusse der verschiedenartigsten Ursachen und unter den verschiedensten Bedingungen vor; es kann daher auch nicht von einer ärztlichen Behandlung g e g e n die Entzündung, nach der Auffassung der Theorieen auf den Universitäten die Rede sein, sondern nur von der Unterstützung, die der Arzt dem Organismus gegen den Einfluss solcher Ursachen und gegen die Ausbreitung ihrer Wirkung entgegenzusetzen hat.

Daher richtet sich die Behandlung auch jeder Entzündung nicht allein nach den Ursachen, die sie veranlassten, sondern hauptsächlich nach den örtlichen und allgemeinen Bedingungen, unter denen sie zu entstehen vermochte und nicht gegen die Produkte, die aus dem Zusammenwirken der Ursachen und Bedingungen erflossen sind.

Nachdem ich nun die allgemeinen Begriffe von Fieber und Entzündung klar gemacht zu haben glaube, kann ich mich bei der Anführung der Krankheiten, die am häufigsten auf dem Marsche und im Felde vorzukommen pflegen, kürzer fassen.

Ist die Schleimhaut irgend eines Organes irgendwo geschwellt, aufgelockert und ihre Function verändert, also mehr oder weniger Schleim producirend als gewöhnlich und ist sie tiefer geröthet, oder ist diese sog. Entzündnng derselben theilweise sogar schon in den todten Chemismus übergegangen, ist die Schleimhaut zerstört worden und haben sich demnach Geschwüre gebildet, so bezeichnet man das Alles miteinander als Catarrh. Ferner will ich gleich bemerken, dass man alle Krankheitsformen acute heisst, die unter 35 Tagen verlaufen und diejenigen chronische, welche länger andauern.

Der acute Magencatarrh ist dem Laien am besten unter der Bezeichnung Gastricismus, oder gastrische Beschwerden bekannt.

Die Hauptveranlassung zu diesem Leiden ist der Genuss schwer verdaulicher oder schlechter in Zersetzung begriffener Speisen. Die dadurch erzeugten Beschwerden aber sind sehr mannigfaltig. Man fühlt sich von einem solchen Unwohlsein ergriffen, dass es mit den übrigen scheinbar vorübergehenden Beschwerden in keinem Verhältnisse steht. Der Kopf schmerzt als wollte er zerspringen, in der Magengegend ist ein Druck und Vollsein mit Sodbrennen, Brechreiz, Aufstossen, belegter Zunge, Kollern im Leibe, Magenkrampf etc. Der Appetit fehlt, der Geschmack ist bald sauer, bald bitter, bald ist Stuhlverstopfung vorhanden, bald Diarrhöe; bald entsteht Essiggährung im Magen, oder Buttersäuregährung, oder übelriechende Gasentwicklung etc. Da man auf dem Marsche und im Felde überhaupt seine Aufmerksamkeit weit mehr auf seinen Körper richten muss, als man es zu Hause gewohnt ist, so wird man schon bei eintretendem Unwohlsein sich leichter an die Ursachen erinnern, deren unmittelbare Wirkung niemals allein dastehen kann; denn es trinken viele Menschen dieselben gegohrenen Substanzen, z. B. Wein oder Bier und essen dieselben fetten Speisen ohne gastrische Beschwerden darauf zu empfinden. Es müssen also offenbar auch Bedingungen der individuellen Organisation zugegen sein, unter welchen solche Getränke und Speisen einen Gastricismus zu erzeugen vermochten. Diese Bedingungen werden durch die Mittel, welche die allopathische Schule auf den Universitäten anzuwenden lehrt, durch Brechmittel und Abführmittel nicht hinweggeblasen. Ueberdies ist diese sog. Heilmethode noch eben so kurz beisammen als gemeinschädlich, indem sie dem ohnehin schon kranken Magen Potenzen zu verarbeiten gibt, die seinen Functionen noch weit mehr feindlich entgegentreten, als ein Glas Wein oder eine Cotelette. Diese individuellen sogenannten disponirenden Bedingungen sind z. B. bei der Essiggährung im Magen dieselben wie die, welche zur Entstehung von Leberaffektionen, Rheumatismus und Gicht, bei der Buttersäuregährung dieselben wie die, welche zur Entstehung von Influenza, Bluthusten und Phthisis disponiren. Da also die Krankheitsursachen nicht einwirken, ohne die Bedingungen des Organismus dazu, gleich wie der Dolch nicht zur Todesursache werden kann, ohne dass ein lebendes Wesen die Bedingungen dazu hergibt, so kann man nur aus der Erkenntniss dieser Bedingungen auf die nöthigen Heilmittel Schlüsse ziehen, wie es in der Homöopathie zu geschehen pflegt. Ich kann mich daher, ohne jedesmal ähnliche Erklärungen beibringen zu müssen, auf den kurzen Rath beschränken, was für Heilmittel man anzuwenden hat und hier, dass man bei gastrischen Beschwerden von schlechtem Brode Bry'onia nehmen soll, bei denen von fetten Speisen Pulsatilla, bei denen von blähenden Speisen China, von schlechten Kartoffeln Alumina, von Pöckelfleisch Carbo vegetabilis (6), von schlechtem Wasser ebenfalls China, bei bitterem Geschmacke Nux. vom., bei schleimigem Pulsatilla, bei saurem Bryonia, bei Kolik Chamomilla, bei Erbrechen Ipecacuanha, bei Stuhlverstopfung Calcar. carb. (6). Nux vom. ist auch das prompteste Heilmittel des sog. Katzenjammers.

Das Sodbrennen bei dem chronischem Magencatarrh der Freunde des Bachus weicht allerdings einem Stückchen Kreide oder Soda, der Magnesia oder dem zweifach kohlensaurem Natron. Es kömmt aber wieder, weil damit nur die überschüssige Säure neutralisirt wird, aber die organischen Bedingungen seiner Erzeugung nicht aufgehoben werden. Doch gibt es ein anderes Sodbrennen in Folge von überschüssiger, selbst nach der Verdauung gebildeter Magensäure. Es tritt nur bei leerem Magen mit Hungergefühl auf und vergeht wieder so bald Etwas genossen wurde. Aber man empfindet Widerwillen, so viel wie in gesunden Tagen zu essen und ist mit sehr Wenigem sogleich gesättigt. Dieses Sodbrennen ist von einer unbeschreiblichen Verdriesslichkeit, oft von Magenkrampf begleitet, die Magengegend kann keinen Druck ertragen, ist aufgetrieben und gespannt. Es entsteht dabei oft ein Würgen, wodurch saures Wasser entleert wird. Wenn dieses Sodbrennen lange anhält, so ätzt diese Säure nach und nach die Magenschleimhaut wund, es entstehen in derselben schwielige Stellen und diese Verdickungen führen endlich zum Magenkrebse, Bluterbrechen etc. Hier handelt es sich zum Schutze der Magenschleimhaut allerdings darum, das Krankheitsprodukt, die überschüssige Magensäure, so oft mit zweifach kohlensaurem Natron vollständig zu neutralisiren, als Sodbrennen auftritt; aber geheilt wird es nur durch Bryonia oder Carbo vegetabilis.

Entfernt man ferner auf die angegebene Weise die gastrischen Beschwerden eines jeden acuten Magencatarrhes nicht sogleich, so gehen diese über in das sogenannte Gallenfieber oder Schleimfieber, Nervenfieber, in Typhus etc.

Die Diarrhöe ist das constante Zeichen des Catarrhes der Darmschleimhaut im unteren Theile des Dünndarmes und im oberen des Dickdarmes. Auch hier liefern die übrigen eine Diarrhöe begleitenden Erscheinungen die Anzeigen

für die nothwendig gewordenen Heilmittel, während alle
Mittel, welche gegen die Diarrhöe allein gerichtet sind,
schädlich sein müssen, da sie gerade diejenigen Stoffe im
Darmkanale zurückhalten, deren sich der Organismus bei
der Diarrhöe zu entledigen strebt. Hierher gehören das
Opium, das essigsaure Blei etc., welche Stoffe die Bewegungen des Darmkanales lähmen, und eine Diarrhöe
„stopfen," wie es noch von den Herren Professoren der physiologischen Medizin, von den Assistenten der Assistenten
gelehrt wird, welche, wie Beispiele lehren, mit einem Fusse
noch auf der Hörerbank, mit dem anderen schon die Lehr-
kanzel besteigen, somit die Garantie einer rühmlichen Ver-
gangenheit und die Lehrstunde einer ausgedehnten Praxis über-
springen, eine Garantie, die wenigstens für die unverantwort-
liche Alleinherrschaft eines Klinikers gegeben sein sollte.
Dass dem nicht so ist, hat selbstverständlich die Zunft erzeugt,
mit allen Schäden, die bekanntlich daran und darum hängen.

Auf eigene Faust darf man daher nie eine Diarrhöe
auf eine solche Weise stopfen wollen, wird aber sicherer
gehen, wenn man bei Diarrhöen mit Kolik Chamomilla
nimmt; bei Diarrhöen mit Abgang unverdauter Speisen:
Bryonia, bei schmerzloser Diarrhöe: China, bei Diarrhöe
aus heftigen Gemüthsbewegungen: Aconit, und wäre die
Diarrhöe mit Frost oder Erbrechen verbunden : Veratrum. Man muss sich dieser Hilfe um so mehr so bald
als möglich bedienen, als sonst leicht die Erkrankung ebenfalls an Ausbreitung zunimmt und Fieber entsteht, womit
Unterscheidungsmomente gegeben sein können, deren Bedeutung nur der Arzt ermessen kann, dem auch die übrigen,
jedoch äusserst selten im Felde vorkommenden Formen von
Diarrhöe überlassen bleiben müssen.

Eine Diarrhöe kann auch einer Gedärmentzün-
dung vorangehen. Diese lässt sich alsbald dadurch erken-

nen, dass das Leibschneiden dabei nicht aussetzt, wie bei der Kolik, sondern fortbesteht und fast stündlich zunimmt. Sie gehört zwar nur zu den Aufgaben des Arztes, doch ereilt sie uns oft so schnell, dass es nicht überflüssig sein dürfte, wenn ich den Rath gebe, ohne Zaudern Aconit zu nehmen.

Einer Diarrhöe kann manchmal auch der Catarrh im unteren Theile des Dickdarmes und im Mastdarme, die sogenannte weisse Ruhr zu Grunde liegen. Zuweilen ist es auch ein auffallender Wechsel von Diarrhöe und Obstruction, der auf dieses Leiden schliessen lässt. Man erkennt es aber sogleich daran, dass jeder Stuhlentleerung auch heftige Leibschmerzen vorhergehen, es folgt dann Brennen und Drängen im Mastdarme und eine Entleerung von weissem, glasigem Schleime mit harten Fäcalmassen, welch' letztere die mechanische Ursache der ganzen Erkrankung bilden, indem sie lange Zeit zurückgehalten wurden. Wegen ihrer Härte verletzen sie die Darmschleimhaut, wesswegen jener Schleim auch oft mit Blutstreifen vermischt ist. Ein Paar Löffel voll Ricinusöl, wovon man in einer Zwischenzeit von zwei Stunden einen nimmt, entfernt diese Ursache sogleich. Das ist jedoch schon wieder mehr Sache des Arztes. Ist dass geschehen, so muss die homöopathische Behandlung eintreten, um die Neubildung dieser Ursachen unmöglich zu machen, d. h. um den leidenden Darmkanal zu heilen. Diese homöopathische Behandlung würde auch das Ricinusöl entbehrlich machen, allein sie würde manchmal länger währen, als es im Felde wünschenswerth ist. Den Namen „Ruhr" empfing diese Erkrankung nur desswegen, weil bei ihr dieselben anatomischen Localitäten beschädigt sind, wie bei der unten zu besprechenden sogenannten rothen Ruhr und weil in Folge dessen auch die übrigen subjectiven Erscheinungen mit denen bei der rothen Ruhr übereinstimmen.

In allen Ruhrformen aber erregt der Genuss von Speisen, und wäre es nur eine Tasse Gerstenschleim, neue heftige Leibschmerzen. Stillt man aber seinen oft noch wenig geschwächten Appetit in der Art, dass man jede Minute einen Löffel voll Schleim, Bouillon oder Einbrennsuppe, aber ohne Brod zu sich nimmt, so wird man bald, oft schon in einer Viertelstunde vollständig gesättigt sein.

Es wäre daher ein schädlicher Irrthum, sogar bei noch vorhandenem Appetite in Erkrankungen sogleich streng fasten zu wollen, denn der Hunger heilt so wenig wie ein Palliativum. Bezüglich der Diät dürfen die Nahrungsmittel nur keine Stoffe enthalten, welche der Wirksamkeit der Heilmittel entgegenständen, was bei einigermassen gewählter Kost nicht leicht der Fall ist. Jede Heilung bedarf der möglichsten Ernährung der gesund gebliebenen Theile, weil sie nur durch deren Vermittlung zu Stande gebracht werden kann. Zur Krankendiät gehört, ausser der Enthaltung von Allem, was ohnehin Jedem als schädlich bekannt ist, nur noch die Vermeidung von Kaffee, Wein, Branntwein, Bier, Fett und allen essigsauren oder künstlich zusammengesetzten Speisen.

Die Cholera nostras oder sporadica kömmt häufiger im Sommer vor, aber auch zu jeder Jahreszeit, zu Zeiten, in denen auch die Gallenbildung vermehrt ist und selbst das Blut reicher an Kohlenstoff zu sein scheint. Da die Ursachen davon in der uns umgebenden Aussenwelt liegen, so befällt diese Krankheit oft mehrere Menschen zu gleicher Zeit. Aber sie unterscheidet sich von der asiatischen Cholera dadurch, dass ihr keine Vorboten vorausgehen und die ganze Sache meist in 24 Stunden abgelaufen ist, ohne dass je ein Mensch daran gestorben oder in eine bedeutende Nachkrankheit verfallen wäre. Doch sind die Zufälle stürmisch genug, einen Jeden zu erschrecken, der davon gar keine Kenntniss hat; denn stets wird man

plötzlich und zu einer Zeit, zu welcher die Kohlensäureausscheidung nach dem Gesetze der proportionalen Oscillation des Lebens ohnehin verringert ist, von Erbrechen
ergriffen, womit zuerst alle genossenen Speisen, dann grosse
Quantitäten von Galle ausgestossen werden. Entweder ging
eine Stuhlentleerung schon voraus, oder es folgen Stuhlentleerungen wiederholt sofort mit solcher Macht und so gänzlich unaufhaltsam, dass der Kranke sich bald wie völlig entleert, hinfällig und kalt fühlt, was ein sehr beängstigendes
Gefühl erzeugt. Dabei ist die Harnsekretion gering oder sie
hat ganz aufgehört, weil alles entbehrliche Wasser des Körpers bereits entleert ist. Das Alles ist von eigenthümlichen
Schmerzen in den Extremitäten, am meisten in den Waden
begleitet. Allein mit dem Schlusse der ganzen Scene ist
auch in der Regel die eingetretene Genesung schon da, ausserdem führt man sie durch Veratrum herbei.

Die Trennung der Cholera sporadica von der asiatischen wird aber in der Regel viel zu schroff angegeben.
Sind grösstentheils schon die äusseren Ursachen und die
Zufälle ganz ähnliche wie bei der asiatischen Form, nur weniger intensiv und schneller und ohne Nachtheile vorübergehend, so ist anderseits nie ein Fall sporadischer Cholera
vorgekommen, wenn nicht zugleich an anderen Orten die
asiatische Form zugegen war. Es scheint also auch hier
der Unterschied nur in der geringeren Intensität und Quantität des Krankheitsstoffes bei gesteigerter Empfänglichkeit
der inneren Bedingungen zu liegen, wie bei dem Unterschiede
zwischen Schnupfen und Influenza.

Wer sich der fatalen Acquisition des Bandwurmes
entziehen will, der trinke nirgendwo Wasser, welches aus
einem Brunnen geschöpft wurde, der in der Nähe eines
Schweinestalles steht. Der Bandwurm, dieser unheim-
liche Parasit, gelangt als Finne in den Darmkanal des

Menschen. Diese kömmt bei den Schweinen theils in ihrem Fleische, theils in ihrem Darm vor. Wird das Schweinefleisch gekocht, gebraten oder gut geräuchert, so geht sie zu Grunde; aber, wo es möglich ist, dass die Excremente der Schweine in das Wasser eines Brunnens dringen können, da trinkt man sich die Bandwurmfinnen an, und während sie im Darmkanale des Schweines niemals sich zum Bandwurme entwickeln können, thun sie das desto schneller in dem menschlichen. Ich hatte in vielen Dörfern am Bandwurme Leidende, deren Väter und Voreltern schon daran gelitten haben, so dass die Landleute nichts zu thun wussten, als sich ihre Bandwürmer abtreiben zu lassen, bis ich ihnen erklärte, dass es damit sein Verbleiben haben werde, so lange sie die Gemeinschaft ihrer Schweineställe mit ihrem Trinkwasser nicht unmöglich machen. Wo dieses geschah, und es fand reissend Nachahmung, nachdem nur erst Einer damit begonnen hatte, gab es keinen Bandwurm mehr abzutreiben. Der Spuhlwurm kömmt bei Erwachsenen seltener vor. Er scheint zuversichtlich von verdorbenem Mehle zu kommen und wenn er auch weniger Beschwerden verursacht als der Bandwurm, so reizt er doch ebenso beständig die Darmschleimhaut, wodurch abnorme Schleimerzeugung und deren immerhin unangenehme Folgen entstehen. Man sollte sich daher auch über die Beschaffenheit des zu geniessenden Mehles Ueberzeugung verschaffen.

Magen und Darmkanal erkranken aber auch durch Vergiftungen.

„Gift" ist übrigens ein relativer Begriff und kein wissenschaftlicher; er bedeutet nur die schädliche Quantität einer beliebigen Qualität; denn auch unsere besten Reiz- und Nahrungsmittel können in gewissen Quantitäten schädlich, d. h. also giftig wirken.

Ist es nun möglich geworden, zu erfahren, welche schädliche Quantität eines Stoffes man bekommen, so heben einige
Tropfen Campherspiritus in einem Löffel voll Wasser
öfters genommen, am schnellsten die Folgen schädlicher
Quantitäten von Pflanzenstoffen auf, und da er also auch die
Wirksamkeit aller vegetabilischen Heilmittel zu zertören vermag, so darf er nicht mit in dem Etui für dieselben aufbewahrt werden, es müsste denn der Kork seines Gläschens
luftdicht mit einer nassen Blase verschlossen worden sein.
Er wäre auch nöthigenfalls überall leicht zu erhalten.

Bei schädlichen Folgen thierischer Stoffe, z. B. von
Wurstgift, ist Belladonna sogleich zu nehmen. Bekanntlich müssen jedoch schädliche Quantitäten thierischer wie
pflanzlicher Stoffe, die uns absichtlich oder zufällig beigebracht wurden, wenn kein geeigneteres Brechmittel zur Hand
ist, selbst erst durch reichliches Trinken warmen Wassers,
Reizen des Schlundes und dadurch bewirktes Erbrechen zu
entfernen gesucht werden. Bei Vergiftungen mit minera-
lischen Stoffen nimmt man am zweckmässigsten Zuckerwasser
hiezu und wo möglich zuvor das Eiweiss von ein Paar Eiern.

Bei Vergiftungen durch den Biss von tollen Hunden
setzt man sich, wenn möglich, vor Allem einen trockenen
Schröpfkopf. Man nimmt nämlich ein kleines Trinkglas,
eine Kaffeetasse oder Derartiges, was eben die Bisswunde
bedecken kann, stellt neben derselben ein Stümpchen einer
brennenden Kerze auf, welches angezündet wurde und bedeckt
es mit jenem Glase. Das Lichtchen brennt so lange als
Sauerstoff in diesem verschlossenen Raume vorhanden ist,
und so viel Sauerstoff verzehrt wurde, so viel wurde aus
der Wunde Blut etc. ausgesogen, was genügt, oder so oft
repetirt werden kann, als man für nöthig erachtet. Zugleich
muss man aber auch innerlich Arsenik (10) nehmen, im

Wechsel mit Belladonna. Wo man nicht trocken schröpfen kann, muss man selbst die Wunde aussaugen.

In zweiter Linie bezüglich der Häufigkeit der Erkrankungen auf dem Marsche und im Felde stehen die Krankheiten der Luftwege.

Der Schnupfen, eine catarrhalische Entzündung der Schleimhäute der Nasen- und Stirnhöhlen in Folge von Erkältung quält die Leidenden ohne reelle Hilfe oft viele Wochen hindurch mit Kopfschmerz, Thränen der Augen, Fliessen der Nase, Appetitlosigkeit, Abgeschlagenheit aller Glieder, Unaufgelegtheit zu Allem etc., aber man kann sich oft schon über Nacht davon befreien, wenn man 10—15 Tropfen Arsenik (10) in einen Schoppen Wasser gibt und davon den Tag über 3—4mal einen Esslöffel voll nimmt.

Husten in Folge von Kehlkopfcatarrh ist mit Gefühl von Kitzeln, Brennen oder Wundsein im Halse verbunden; in Folge aber von Luftröhreucatarrh mit denselben Gefühlen auf der Brust. In beiden Fällen vergeht er auf den Gebrauch der Bryonia, wofern Auswurf dabei ist; oder auf den der Jpecacuanha, wenn der Husten trocken ist.

Zwar gibt es noch mehrere Formen von Husten. So z. B. beobachtete ich auch bei Offizieren den Keuchhusten und beseitigte ihn in 1—2 Wochen mit der Drosera; aber solche Fälle werden im Felde selten oder gar nicht vorkommen und gehören jedenfalls in das Ressort des Arztes.

Der Bluthusten in Folge von Tuberculosis kömmt nicht leicht vor, weil Diejenigen, die daran leiden, militärdienstuntauglich sind; wohl aber in Folge von vermehrtem Wassergehalte des Blutes, der auch die Ursache der Dünnwandigkeit und Fragilität der Blutgefässe ist; oder in Folge von Contusion der Lungen, nicht selten sogar nach einem scharfen Ritte auf einem hochgehenden Pferde. Er wird in allen diesen Fällen sehr bald durch Arnica gestillt, jedenfalls kann der Laie im ersten Augenblicke und ohne Arzt nichts Zweckmässigeres thun.

Hier beim Bluthusten zeigt sich in ihrer wahren Grösse die ganze Verwerflichkeit des Vampyrismus der physiologischen Schule, der, wo er Blut sieht, nicht mehr zu halten ist und noch mehr Blut verlangt. Man will einen eingebildeten mechanischen Blutdruck durch noch stärkere Verminderung der Blutmasse, durch das Aderlassen aufheben. Das heisst man dann die Ursachen und damit deren Folgen vernichten. Freilich, wo nichts mehr ist, hat auch der Kaiser seine Macht verloren; das Bluthusten hört dann aus Mangel an Blut natürlich auf, aber eine andere Folge einer solchen Behandlung ist ein frühzeitiger Tod. Zu allem Ueberfluss werden solche Kranke auch noch auf die strengste Diät gesetzt und so auch auf diesem Wege dem Organismus die Möglichkeit geraubt, den erlittenen Verlust wieder ersetzen zu können. Wer könnte solche Verfahrungsarten der physiologischen Medizin, die auch gegen alle und jede physiologische Erfahrung streiten, als wissenschaftliche bezeichnen?

Beim Bluthusten ist der Blutverlust oft so gross, dass Ohnmacht, Bewusstlosigkeit entsteht. Hier muss man China einzuflössen suchen und den Leidenden von seinen beengenden Kleidungsstücken befreien. Aber die Ohnmacht nach einer Gehirnerschütterung oder die aus Ermüdung, verlangen beide die innerliche Anwendung der Arnica. Ohnmacht vom Sonnenstich, wo nicht gleich kaltes Wasser zur Hand ist, erfordert den Gebrauch des Glonoin (6).

Aeusserlich kann man Ohnmächtigen wohl auch eine Hand voll kalten Wassers auf das Gesicht und die Brust werfen, schnell wieder abtrocknen und dieses öfter wiederholen, denn wenn man das Abtrocknen unterlässt, so erfolgt eine zu schnelle Abkühlung und die Kälte des Wassers würde ihre Wirkung verlieren. Nur bei Ohnmächtigen in Folge eines starken Blutverlustes aus Wunden darf das nicht geschehen, denn wenn sie zu früh und ehe das Blut in den Wunden coagulirt, zu sich kommen, so beginnt eine neue Blutung. Eine andere Ohnmacht hat die Seekrankheit aus Blutleere des Gehirnes zur Folge. Sie entsteht aber bei Manchem schon während des Fahrens auf dem Lande, wenn auch in geringerem Grade, so auch bei den Truppen auf Eisenbahnen. Die organische Bedingung zur Entstehung dieser Krankheit ist eine mehr oder weniger geschwächte Herzthätigkeit. Wie schon beim Bergsteigen, beim Fahren der Puls oft schwach und unregelmässig wird, so erreicht diese Alteration des Herzschlages den höchsten Grad beim Schaukeln des Schiffes. Die Gesetze des Blutumlaufes werden dadurch so affizirt, dass sie von der centripedalen Kraft des anhaltenden Schaukelns endlich überwunden werden, das Blut sich hauptsächlich in den Unterleibsorganen ansammelt und durch die Herzbewegungen nicht mehr mit der nöthigen Kraft nach oben getrieben werden kann. Daraus erklären sich das Erbrechen und alle übrigen Erscheinungen der sogenannten Seekrankheit bis zum vollständigen Darniederliegen aller Erregbarkeit; daraus ergibt sich aber auch die Prophylaxis, welche vor Allem darin besteht, dass man sich horizontal zu legen sucht, sogar mit nach hinten und abwärts hängendem Kopfe, um den Zufluss des Blutes zum Gehirne zu befördern und die Thätigkeit des Herzens zu erleichtern. Dr. Julius Althaus in London empfiehlt zugleich zur Hebung der Herzthätigkeit reinen Cognac und eine kleine Quantität starker gehörig gepfefferter Bouillon, womit man unter gewöhnlichen Verhältnissen jeder Seefahrt ruhig in's Auge sehen kann. Aber es gibt auch Verhältnisse, unter denen der Cognac so wenig ertragen wird, wie die gepfefferte

Bouillon. Daher rathe ich, bei der Seekrankheit V e r a t r u m zu nehmen, oder auch C o c c u l u s, natürlich aber die horizontale Lage nicht zu versäumen. Disponirt zu dieser Krankheit sind Solche, welche keinen langsamen Puls haben und keine kräftige Herzthätigkeit mitbringen.

Die sogenannte L u n g e n e n t z ü n d u n g beginnt fast regelmässig mit Schüttelfrost, der dann dem Gefühle der Hitze weicht, also mit Fieber; es ist daher auch hier wie beim Fieber zu verfahren. Sollte aber nach einigen Stunden nicht bedeutender Nachlass aller krankhaften Erscheinungen eingetreten sein, so muss P h o s p h o r genommen werden. Ich führe nur noch die specifischen Zeichen dieser Erkrankung an, um sie für den Laien leichter erkennbar zu machen, obschon sie dem Froste erst nachfolgen und dann mehr die Hilfe des Arztes in Anspruch nehmen. Das erste ist die Kurzathmigkeit; der Gesunde macht in der Minute 16—20 Athemzüge, ist er von Lungenentzündung befallen, so macht er deren 40—50 in derselben Zeit; das zweite ist das Seitenstechen, welches bei jedem Athemzuge und durch Husten vermehrt wird; das dritte der Husten, der einen zähen, klebrigen, von Blut gefärbten Auswurf hervorbringt.

Vor den üblichen, täglich von der physiologischen Medicin ordinirten Blutentziehungen bei der Lungenentzündung muss ich aus folgenden triftigen Gründen entschieden warnen. Diese Allopathen nämlich ermittelten sogar selbst, unter Anderen z. B. Dr. D i e t l schon vor mehr als 10 Jahren, dass von 85 an Lungenentzündung Erkrankten und mit Aderlassen Behandelten 17 starben, also 20,4 Prozent, während von den bloss mit diätetischen Mitteln und ohne Blutentziehungen Behandelten nur 7,4 Prozent starben; dass Abmagerung und Entkräftung bei sich selbst überlassenem Verlaufe nie so bedeutend waren, als nach Blutentziehungen und dass die Reconvalescenz in den ersteren Fällen kürzer

als in den letzteren verlief. Somit ist auf das Exacteste
der Beweis der Gemeinschädlichkeit der Blutentziehungen
von jener Seite geliefert, welche dieselben Blutentziehungen
noch bis zur Stunde bei ihren Patienten anordnet.
Was soll man dazu sagen und wer könnte sich also
noch beigehen lassen, sich Blutentziehungen zu unterwerfen?
Und wie wurde dieser Beweis gewonnen? Statt dass die
Aerzte an sich selbst zuerst die Versuche anstellen, die
nothwendig sind, damit sie ihre Handlungsweise am Krankenbette Anderer darnach richten können, wie es in der Homöopathie Gesetz und Regel ist, stellen sie ihre Experimente
gleich an den Kranken an! Wer je eine sich selbst
überlassene Lungenentzündung beobachtete und sehen musste,
mit welcher glühenden Hitze, mit welchen unsäglichen
Schmerzen bei jedem Athemzuge, mit welchem qualvollen
Husten unter beständigem blutigen Auswurfe, mit welcher
fürchterlichen Athemnoth, die kein zusammenhängendes Wort
auszusprechen erlaubt, unter welcher unausgesetzter Todes-
angst solche Leidende oft 5, 7, 11 Tage und Nächte
und noch länger hindurch schlaflos bis zur höchsten Erschöpfung zu kämpfen haben, der sollte nicht sehnlichst
wünschen, eine durchaus unschädliche und schnelle Hilfe
mit Feuereifer ergreifen zu können, die doch seit länger
als einem halben Jahrhundert schon so sicher und leicht in
der Homöopathie zu finden ist, so zwar, dass diese schweren
Zufälle oft in wenigen Stunden sehr bedeutend gemindert,
oder gänzlich gehoben sind; der sollte noch Lust tragen,
einen von Denjenigen, die sich so arge Verstösse gegen die Hu-
manität kalten Blutes zu Schulden kommen lassen, zu seinem
eigenen Arzte zu erwählen; der sollte überhaupt sich nicht
wundern, dass solche irrationelle Experimente, die Angesichts der homöopathischen Erfolge ganz überflüssig
waren und sind, ungerügt an den Kranken unternommen

werden dürfen; den sollte es nicht Wunder nehmen, dass
sogar ungeachtet dieser mit den Blutentziehungen gewonnenen
unglücklichen Resultaten, dieselben heute noch nicht einmal
zu vermeiden gesucht werden; dass desswegen aus Vorurtheil,
nicht aus Beobachtung und eigener Wahrnehmung, die längst
vorhandene und sogar einzig rationelle schnelle Hilfe lieber
verschmäht wird, als eine vorwurfsvolle subjective Ansicht
zu prüfen und abzustreifen?.. Wäre das wirklich eine
Wissenschaft, unter deren Aegide solche Ereignisse möglich
sind, so könnte es doch sicherlich nicht diejenige Wissenschaft sein, welche die Militärärzte sich aneignen müssen,
damit die ihnen anvertrauten Söhne des Vaterlandes, die ihr
Leben für dasselbe zum Opfer bringen, nicht ein Opfer
mangelhafter Kenntnisse werden.

Auch bei der Leberentzündung, die aus vielerlei
Ursachen und Bedingungen entstehen kann, wird der Schmerz
durch Einathmen und Husten vermehrt, aber er hat seinen
Sitz unter den Rippen auf der rechten Seite und erstreckt
sich bis zum Brustbeine und Schulterblatt. Auch hier ist
vor Allem Aconit zu nehmen, da er die Ausbreitung einer
jeden beginnenden Entzündung zu verhindern vermag, wenn
er frühzeitig genug angewendet wird.

Wäre das nicht geschehen und verlieren sich die
Schmerzen nicht bald, so muss man Mercur nehmen und
wäre Erbrechen damit verbunden, Ipecacuanha.

Unter den übrigen Entzündungen kommen nur noch
die Augenentzündungen und die Halsentzündungen als erwähnenswerth vor.

Jede acute Entzündung irgend eines Theiles
der Augen, die noch in das Bereich der Prophylaxis gezogen werden kann, spricht sich deutlich durch die Röthe
der Bindehaut aus, durch immerwährendes Thränen, durch
Lichtscheue oder durch ein Brennen, als wäre unter den

Augenlidern ein fremder Körper, ein Staubkörnchen, oder auch durch drückendes Gefühl im ganzen Augapfel.

Die Wirkung des Aconit, die Function der Capillargefässe, besonders der Haut und der Nieren zu unterstützen, reicht hier nicht immer aus. Der grossen Zartheit und Empfindlichkeit dieser Organe entspricht mehr die der Belladonna. Nach den Prüfungen der Belladonna am Menschen weist die microscopische Beobachtung des Blutes nach, dass durch die Belladonna die nicht mehr athmenden verbrauchten und bereits getrübten Blutzellen rasch aus dem Blute entfernt, in die Leber geführt und dort aufgelöst werden. Dieser Vorgang ist zugleich die Ursache, dass die ganze Blutmasse von diesen verbrauchten die Athmung (Sauerstoffaufnahme und Kohlensäureausscheidung) behindernden Bestandtheilen schneller als gewöhnlich befreit wird und da von der geringen Dosis der Belladonna die athmenden gesunden Blutzellen nicht affizirt werden, so geht auch das Athmungsgeschäft energischer vor sich, was die Athmungsversuche während des Belladonnagebrauches zur Evidenz erwiesen haben.

Da sich die Wirkungskreise und Wirkungsarten des Aconit und der Belladonna in minimaler Dosis nicht im Geringsten im Wege stehen, im Gegentheile in sog. Entzündungskrankheiten sogar unterstützen, so kann man sie füglich im stündlichen Wechsel geben und wird dadurch am schnellsten zum Ziele gelangen. Wenn man aber Aconit und Belladonna nach den Lehren der Herren Professoren zu den narcotischen Mitteln zählt, weil sie diese Heilmittel nur in narcotisirender Quantität anzuwenden wissen, so muss man vor solchen planlosen Unternehmungen jedenfalls warnen.

Die Halsentzündung kündigt sich durch Schmerzen beim Schlingen an und weicht, wenn nicht schon dem Aconit, doch der Dulcamara, die auch bei Heiserkeit in Folge von Erkältung angezeigt ist. Sind aber bereits die Rachentheile so angeschwollen, dass das Schlingen fast unmöglich wird, oder beim Versuche zu schlucken Flüssigkeiten durch die Nase- oder Mundhöhle zurückgetrieben werden, dann träufelt man stündlich A p i s auf kleine Stückchen Zucker und lässt sie im Munde zergehen.

Ich gedenke noch der peinlichen H e i s e r k e i t und Stimmlosigkeit der Offiziere, deren Ursache das laute anhaltende Commandiren ist, aber oft in wenigen Stunden durch stündliches Gurgeln mit A r n i c a, natürlich in der oben angegebenen Mischung mit Wasser, gehoben wird. Oefteres Gurgeln damit, täglich doch wenigstens ein paarmal verhindert sogar Recidive und der Offizier wird des andern Tages von derselben Anstrengung weit weniger heiser, bis in wenigen Tagen unter fortwährendem Commandiren die Stimme wieder ihren reinen hellen Klang erhalten hat und behält.

Der Begriff des R h e u m a t i s m u s ist, ähnlich dem des Fiebers und der Entzündung, nur ein allgemeiner, mit dem nichts anzufangen wäre. Der Begriff des Rheumatismus gehört sogar zu dem der Entzündungen und unterscheidet sich von ihnen subjectiv, wegen der Localisation seiner Krankheitsursache, hauptsächlich nur durch die bekannte, eigenthümliche Art der Schmerzen. Er befällt die Sehnen-, Muskel- und Nervenscheiden oder die Beinhaut der Knochen und Zähne, die serösen Häute oder die Musculatur selbst. Seine Ursachen sind ältere oder frische Erkältungen. Aber zu der Summe der Bedingungen, unter welchen er entsteht, welche nur durch die ihn begleitenden Umstände erkennbar sind, gehört die individuelle Körperconstitution, ein Thema, welches jedoch für den gebildetsten Laien zu schwer fasslich ist und desshalb auch sogar von der Allopathie nicht einmal in Rechnung gebracht werden kann, weil sie sie selbst nichts davon versteht.

Daher ist es praktisch gleichgiltig, ob der Rheumatismus acut oder chronisch, da oder dort sich geltend macht, oder ob die ganze Erkrankung localisirt bleibt, oder auf andere Organe sich ausbreitet; man wird anfänglich jedenfalls ausreichen, wenn man, so wie die Beschwerden in der Ruhe sich vermehren, Rhus toxicodendron nimmt, oder Bryonia, wenn sie durch Bewegung gesteigert werden. Nur hinsichtlich des Hüftwehes rathe ich Aranea diadema in Gebrauch zu ziehen. Das Hüftweh besteht in einem Rheumatismus derjenigen Nerven-Scheiden, welche in der Kreuzbeingegend das Rückenmark verlassen und von da sowohl ausserhalb wie innerhalb der Schenkel die ganze Extremität entlang verlaufen. Der Schmerz entsteht zwar oft zuerst im Knie, meistentheils aber in der Hüfte und macht das Gehen und Reiten unerträglich.

Mit Zahnbeschwerden kann man sich im Felde nicht zu lange beschäftigen, sie würden sich zu oft zum Nachtheile des Dienstes wiederholen und erfordern daher die Entfernung des schadhaften Zahnes. Nur das caustische Natron führe ich an, weil es in der Hausseife enthalten ist und öfteres starkes Reiben des Zahnfleisches mit aufgeweichter Hausseife die Schmerzen dauernd beschwichtigen kann.

Von der Gicht, die zuerst als Podagra am grossen Zehen mit gerötheter Anschwellung und Schmerz, dann erst an anderen Gelenken auftritt, entweder ererbt oder durch üppige Lebensweise erworben ist und einen starken Bodensatz im Harne bildet, sagt das neueste Lehrbuch der speciellen Pathologie und Therapie von H. Prof. Dr. Niemeyer unter Anderem: »der Gichtanfall versetzt die Kranken unter Bedingungen, welche denen, durch welche sie hauptsächlich krank geworden sind, gerade entgegengesetzt sind. Durch das Fieber wird der Umsatz der Körperbestandtheile in hohem Grade gesteigert, während für das Verbrauchte dem Körper ein nur sehr ungenügender Ersatz zugeführt wird; auch die Schlaflosigkeit und die Schmerzen scheinen die Consumption zu vermehren oder den Ersatz zu verhindern; das Missverhältniss zwischen Zufuhr und Verbrauch, welches wir als das wichtigste ätiologische Moment der Gicht bezeichnet haben, und welches auch den Complicationen der Gicht, der Fettleibigkeit, den Hämorrhoïden u. s. w. zu Grunde liegt, wird somit durch den Gichtanfall und das ihn begleitende Fieber mehr als ausgeglichen.« Ferners: »Es ist hiernach leicht verständlich, dass bei der Behandlung der Gicht das Receptschreiben in den Hintergrund treten und die Regelung der Lebensweise die wichtigste Rolle spielen muss.« Wir vermögen aber Diejenigen, welche sich für ihren verwöhnten Gaumen Leckerbissen bestellen und dann einer beliebigen Siesta obliegen können, nicht dahin zu bringen, diese Rolle zu spielen und in ihr auszuharren, wie die Erfahrung täglich lehrt.

Man könnte aber auch versucht sein, mit der Wahrnehmung dieser Vorgänge auf die sogenannte Naturheilkraft hinzuweisen. Allein es gibt so wenig eine Naturheilkraft als eine Lebenskraft, man könnte höchstens von einem Naturheilvermögen und einem Lebensvermögen sprechen, d. h. von der Selbstthätigkeit des Organismus, wobei eben der Arzt zu entscheiden verstehen muss, ob sie im Stande ist, ohne Kunsthilfe eine Genesung herbeizuführen; denn nach dem Gesetze der Gleichheit der Wirkung und Gegenwirkung vermag der Organismus nicht mehr, nicht weniger auszuführen, als der Wirkungskreis der Krankheitsursache beträgt, der aber die Vermögensgrössen des Lebens bekanntlich oft bedeutend zu überwinden pflegt.

Später wird denn auch Niemeyer sich ungetreu und

empfiehlt unter Anderem »um den Gichtanfall abzukürzen und erträglich zu machen: Narcotica, besonders die Tinctur der Herbstzeitlose 4mal täglich zu 20—30 Tropfen.« Er nennt diese einem Gifte gleich kommende Dosis noch eine kleine, um vor grösseren Dosen zu warnen, was also nothwendig geworden zu sein scheint. Wir sehen hier abermals eine Beschäftigung am Krankenbette nach dem Causalgesetze mit Ursachen und Krankheitsprodukten. Aber das Wesen der Krankheiten liegt nicht in ihren Ursachen allein, noch weniger in ihren Produkten, und man bekämpft mit letzteren zugleich die Gesetze des Organismus; sondern das Wesen aller Krankheiten liegt in der Summe aller ihrer Bedingungen, nach welchen die Homöopathie sich richtet.

- Um daher eines der gegen das Wesen der Gicht gerichteten und gleich für den Anfang der Erkrankung zu verwendenden Heilmittel benützen zu können, ohne je einen Nachtheil davon gewärtigen zu müssen, rathe ich Apis zu nehmen. Zum Beweise für die Richtigkeit des Gesagten wird nothwendig schon nach der zweiten Dosis der Schmerz bedeutend nachlassen und bis zum anderen Tage auch der Bodensatz aus dem Harne verschwunden sein. Ob jedoch Etwas nur möglich, oder ob es nothwendig sich zuträgt, diese Frage bezieht sich auf das Verhältniss von Gesetz und Thatsache. Wenn eine Thatsache nach einem Gesetze bestimmt ist, so ist sie nothwendig; findet sie aber unabhängig von einem Gesetze statt, so ist sie zwar wirklich, aber nur zufällig. Aus dem Vorhergegangenen in der Anmerkung erhellt aber, dass und wie die Heilerfolge der Homöopathie nach den Gesetzen des Organismus bestimmt, nothwendig eintreffen müssten, wo sie immer stattfanden, dass dagegen die Heilversuche der Allopathie oder physiologischen Medizin unabhängig von einem Gesetze, somit nur zufällig eintreffen können. Eine allopathische Krankengeschichte, noch so fleissig bearbeitet, macht auch immer den Eindruck der Erzählung zufällig erfolgter Thatsachen, welche wirklich stattgefunden haben, aber jede entbehrt aller Elemente, aus welchen zu ersehen wäre, d a s s und w a r u m der Ablauf der erzählten Begebenheiten nothwendig sein musste. Alle Urtheile einer allopathischen Krankengeschichte sind daher nur Urtheile a posteriori, und aus dem Erfolge entnommen, für welchen die Vorhersage des nothwendigen Eintreffens unmöglich war. Die Allopathen schliessen daher nur aus der Analogie mit ihren eigenen Erfahrungen, wenn sie z. B. wie jedesmal, so auch hier behaupten, der Gichtschmerz und die Harnsäure im Harne könnten auch ohne Apis verschwunden sein, weil sie die traurige Entdeckung machten, dass sich an ihren Krankenbetten Alles zufällig ereignet, sie mögen eines ihrer sogenannten Heilmittel angewendet haben oder nicht. Und so nehmen sich die Allopathen auch heraus, zu sagen, sie können nach ihren Wahrnehmungen das Gegentheil ihrer Behauptungen gegen die Homöopathie sich nicht denken. Aber die Mutter aller Wissenschaft ist das »Warum.« Und woher wissen sie denn, dass dasselbe auch jedem anderen klar denkenden Menschen undenkbar sei? Das können sie offenbar nicht wahrnehmen, da sie die Einsicht in die Richtigkeit ihrer Behauptungen gegen die Homöopathie weder aus einem ihnen bekannten Gesetze, noch aus eigener Sinnesanschauung haben. Also haben sie diese Behauptungen unabhängig von Gesetz und Wahrnehmung, somit auch nicht einmal a posteriori, sondern n u r, wie gesagt, aus der Analogie mit der Mangelhaftigkeit ihrer eigenen Erfolge, welcher negativen Analogie kein Werth zugesprochen werden kann.

Indessen muss ich einer anderen Bemerkung von Prof. Niemeyer zustimmen, wo er sagt: »In entgegengesetzter Weise wie die Zufuhr von Wein und Bier, von Kaffee und Thee, wirkt die Zufuhr grösserer Quantitäten von Wasser auf den Stoffwechsel ein. Niemand fühlt nach dem reichlichen Genusse von Wasser ein geringeres Bedürfniss nach Nahrungsaufnahme, Niemand wird durch denselben leistungsfähiger für starke Strapazen oder bekömmt durch ein lange fortgesetztes übermässiges Wassertrinken einen Fettbauch und ein rothes Gesicht; dagegen hat es sich herausgestellt, dass die 24stündige Harnstoffmenge bei einer reichlichen Wasserzufuhr grösser ist, als sie sonst unter gleichen Verhältnissen ohne diese Wasserzufuhr sein würde, und da die Harnstoffvermehrung bei reichlichem Wassergenusse nicht vorübergehend, sondern dauernd beobachtet wird, so sind wir zu dem Schlusse berechtigt, dass das reichliche Wassertrinken den Stoffwechsel beschleunigt, den Verbrauch der Körperbestandtheile vermehrt und desshalb für Gichtkranke ebenso vortheilhaft ist, als das Trinken von Wein und Bier, von Kaffee und Thee nachtheilig auf sie einwirkt.« Das möge zugleich ein Wink für die exclusiven Freunde der Wasserkur sein, die, obschon in Spitälern bei gehöriger Wart und Pflege, aber nicht auf dem Marsche und im Felde, abgesehen von der oft unbesonnenen Anwendung derselben nach eigenem Gutdünken, am Platze sein kann.

Damit ist jedoch keineswegs der regulatorischen Macht in dem Wechsel der Temperatur, den die Hydriatik provocirt, zu nahe getreten: denn die Molecule der Stoffe unseres Körpers sind alle elastisch, sie besitzen ein Ausdehnungs-, d. h. Abstossungsvermögen, welches mit der Dichtigkeit, somit nach dem Kubus der Entfernung abnimmt, und ein Anziehungsvermögen in die Ferne, welches nur nach dem Quadrate der Entfernung abnimmt. Da nun Temperaturerhöhung und Abstossungskraft correlativ sind und die Arbeiten unseres Körpers nur vor sich gehen können, wenn ihnen eine kältere Umgebung dargeboten ist, an welche sie ihr erzeugtes Aequivalent an Wärme abgeben können, so steigert die Wasserkur nach dem Gesetze der Anziehung und Abstossung die Molecularbewegungen des ganzen Organismus nach Intensität und Extensität und ist und bleibt im Frieden und zu Hause unentbehrlich zur schnellsten Genesung aus vielerlei Erkrankungen.

Was unter Hämorrhoïden zu verstehen ist, sind die Folgen eines schon länger bestehenden Leberleidens, durch welches der Blutumlauf in der Leber Störungen erlitten hat, so dass eines der Blutgefässe, welches sich in die Leber ergiessen sollte, aber dazu keinen Raum mehr in ihr findet, zurückstaut, daher an seinen oberflächlichsten Stellen, im Bereiche des Mastdarmes angefüllt hervortreten muss, zuweilen platzt und blutet. Damit sind alle Beschwerden eines chronischen Leberleidens verbunden, alle möglichen gastrischen Beschwerden, Kolik, Kreuzschmerzen, Obstruction etc., welche die Anwendung der Nux v., oder Congestionen, Schwindel, Hypochondrie etc., welche die der Belladonna verlangen. Am allerschädlichsten für einen an Hämorrhoïden Leidenden ist das Kaffeetrinken und will er gründlich geheilt sein, so bedarf er frühzeitig des ärztlichen Rathes.

Strangurie, der so qualvolle Harndrang, tritt nicht selten nach durchwachten Nächten oder nach dem Genusse unrichtig bereiteter Getränke auf und bedarf des innerlichen Gebrauches von Lycopodium *)

---

*) Anmerkung. Von Lycopodium gibt es keine Tinctur, und alle Heilmittel, die aus unlöslichen Körpern, aus Eisen etc. bestehen, müssen ebenfalls den mechanischen Gesetzen der Resorption entsprechend bereitet werden, um, wie die verdünnten Pflanzentincturen unmittelbar vom Blute aufgenommen werden zu können, sei es von den Schleimhäuten der Mundhöhle, des Schlundes oder des Magens. Zu diesem Zwecke müssen solche Substanzen wieder-

Von den Hautkrankheiten verdienen folgende hier bemerkt zu werden.

Das Rothlauf stellt sich entweder gleich als Gesichtsrose dar, oder als Wanderrose, welche letztere an den Extremitäten beginnt und von da erst über den Körper sich ausbreitet. Beiden Formen gehen Störungen des Allgemeinbefindens voraus; bei ersterer aber ist meist zugleich heftiges

holt mit Milchzucker verrieben werden und zwar wegen des Gesetzes der Oberflächenwirkung, nach welchem auch Liebig, den ich als Gegner der Homöopathie nicht ganz unerwähnt lassen kann, da man gewohnt ist, auf seine Worte zu schwören, unter Anderem in seinen chemischen Briefen neuester Auflage, B. 2., pag. 371 über die Ernährung des pflanzlichen Organismus sagt: „dass unter allen Thatsachen in dem ganzen Gebiete der Chemie keine fester gestellt ist als die: dass die Ackerkrume auch des fruchtbarsten Feldes eine im Verhältniss zu ihrer chemisch nicht wirksamen Masse ganz ausserordentlich geringe Menge von Aschenbestandtheilen der Gewächse enthält, dass den geschicktesten Chemikern vor dem Jahre 1834 das Kali als Bestandtheil der Ackerkrume etc. entgangen war, weil dessen Menge so gering ist, dass der einfache Nachweis seiner Anwesenheit im Boden mit den allergrössten Schwierigkeiten verknüpft war." Der naturgesetzliche Grund liegt darin, dass bei einem Zustande so unendlicher Verkleinerung eines Körpers eine ebenso unendliche Menge mehr Oberflächen vorhanden ist, dass die Körper nur mit ihren Oberflächen aufeinander wirken können und wie für die Pflanzen, so für uns dadurch zugleich diejenige Möglichkeit gegeben ist, dass auch solche unlösliche Heilmittel von den Wurzeln unseres Körpers, von den feinsten Blutgefässen aufgenommen und an die kranken Theile geführt werden. Da durch derartige Verreibungen diese Heilmittel so verkleinert sind, dass sie in Wasser und Weingeist keinen sichtbaren Niederschlag mehr bilden, so ist mit ihnen, wie gesagt, gleich wie mit den Pflanzentincturen zu verfahren. Das ist wieder Nichts als eine gelungene Nachahmung des Verdauungsprozesses, der es mit den Bissen, die wir zum Munde führen, eben so macht; ausserdem würde uns kein Bissen ernähren können.

Fieber vorhanden, weniger bei letzterer; doch entspricht die
Belladonna beiden, um ihre Ausbreitung zu verhindern
und sie selbst auch zur Heilung zu bringen.

Die Nesselsucht macht heftiges Jucken auf der
Haut, worauf röthlich umgrenzte weisse Quaddeln sich er-
heben. Sie ist in der Regel eine bald von selbst vorüber-
gehende Erkrankung, kann aber im Felde wegen ihrer häu-
figen Wiederkehr sehr lästig werden. Sie deutet immer auf
eine veränderte Blutbeschaffenheit und verlangt schon wegen
dieser Disposition auch zu anderen Erkrankungen, dass jedesmal Apis genommen werde, damit man so bald als möglich davon befreit wird.

Das Gleiche gilt von der Furunculosis und von
dem Carbunkel. Der Furunkel bildet entzündete Erup-
tionen der Hautgebilde mit einem einzigen Eiterheerde; aber
der Carbunkel ist bedeutend schmerzhafter, selten ohne Fieber,
besitzt oft grosse Neigung, sich sehr schnell auszubreiten und
zeichnet sich überdies dadurch aus, dass er eine Menge
ganz kleiner Oeffnungen bildet, aus denen Eiter träge her-
vorquillt. Am häufigsten entsteht er am Nacken zuerst.
Er duldet durchaus keine örtliche äussere Behandlung, kaum
ein Cataplasma, am wenigsten das Messer, selten eine Ceratsalbe. Je mehr man äusserlich im Sinne der Allopathie an
ihm herumcuriren will, desto schneller geht er in Brand
über. Sowie nach 24, höchstens 48 Stunden, die Schmerzen
durch Apis nicht gestillt sind, und seine Ausbreitung nicht
aufgehört hat, muss man sogleich zum Arsenik greifen.
Geschieht das, so ist die Heilung mit Bestimmtheit vorher-
zusagen. Jede allopathische Behandlung kann den Patienten
in Lebensgefahr bringen.

Eben so fast augenblicklich schmerzstillend ist die
Apis innerlich genommen und auch äusserlich mit einem

eingetauchten Leinwandläppchen auf Insektenstiche gebracht, die sonst sehr schnell enorm anschwellen und oft Fieber etc. erzeugen.

Wenn die Sonne mehrere Tage hindurch recht heisse Strahlen wirft, so verbrennt sie Manchem die Haut seines Gesichtes. Man nennt das fälschlich einen Sonnenstich. Das Gesicht ist geschwollen, hoch geröthet, es können sogar Blasen entstehen. Dieses Erythem vergeht, wenn man es mit Ceratsalbe bestreicht sehr bald unter Abschuppung der verbrannten Epidermis.

Herrschende, epidemische und ansteckende, übertragbare Krankheiten.

Eine Wechselfieberform lasse man nie länger gewähren, als bis man sie als solche erkannte. Sie tritt nicht immer mit Schüttelfrost, mit darauffolgender Hitze und schliesslichem Schweisse auf, sondern auch in der Form der mannigfaltigsten Schmerzen und Beschwerden, aber hauptsächlich in bestimmten Perioden täglich, 2—3tägig etc., zu einer bestimmten Stunde und überrascht uns oft plötzlich während des besten Wohlbefindens. Obgleich die Allopathie auch in den Wechselfiebern so viel Chinin gibt, dass das furchtbare Chinasiechthum entsteht, so heilt es doch die wenigsten Wechselfieberformen. Die Behandlung derselben zerfällt in so viele Specialitäten, als es Wechselfieberformen gibt. Doch heilt fast jede dieser Formen in ihrem Entstehen, wenn man 2stündlich Ipecacuanha nimmt. Man kann auch als Zwischenmittel Morgens und Abends, aber nie später als Abends 6 Uhr, Nux v. dazu nehmen, um die Heiluug zu beschleunigen. Während des Gebrauches der Nux. v. darf aber nie Wein genommen werden, weil er sich

mit der Nux. v. nicht verträgt und alle Zufälle verschlimmern würde. Dabei ist aber vor Allem nöthig, sich möglichst vor
neuen Ursachen zur Entstehung des Wechselfiebers zu
schützen. Da der Stoff, der es erzeugt, selbst ein Erzeugniss
des Wassers in Verbindung mit faulenden Substanzen ist,
so wird die bereits eingeleitete Heilung vereitelt, oder es
steht, nach der schon eingetretenen, augenblicklich ein Rück-
fall bevor, wenn man Fische geniesst oder was sonst im
Wasser gelebt hat, oder kalte Speisen. Auch ist es vortheilhafter, seinen Durst mit Bier oder, wenn nicht Nux v.
genommen wurde, mit Wein etc. zu löschen, statt mit Wasser
und von einem längeren als höchstens 5 Minuten währenden
Aufenthalte in einem Bade kann unter einem Jahre keine
Rede mehr sein, da das Wechselfieber, wie keine andere
Krankheit eine jahrelange Disposition zu Recidiven zurück-
lässt, selbst wenn es rationell geheilt wurde, aber die Heilmittel nach eingetretener Heilung nicht noch längere Zeit
fortgenommen wurden, was selten angerathen wird.

Ich darf es nicht verschweigen, dass ich jährlich viele
aus allopathischer Behandlung ungeheilt gebliebene Wechsel-
fieberkranke, selbst an Wechselfieber-Cachexie und an Chinasiechthum Leidende mit Heilmitteln, um den Preis von wenigen Groschen aus der homöopathischen Apotheke, binnen
1—3 Wochen, jedesmal vollständig heilte, während sie viele
Monate lang vergebens auf Heilung hoffend, in den Spitälern
lagen; dass ich solchen Wechselfieberkranken, die in ihren
Wohnsitzen, in den Heerden des Sumpfmiasma bleiben
mussten, ungesehen ihre zerrüttete Gesundheit wieder bleibend herstellte. Man kann sich der sicheren Erwartung
hingeben, dass nach solchen der Homöopathie sehr leicht
ausführbaren Heilungen, die Verwaltungsbehörden nicht lange
mehr geneigt sein werden, jährlich viele Tausende von Tha-

lern für Chinin und Wein etc. zu verschleudern, dass man in maassgebenden Kreisen dereinst selbst mit Nachdruck darauf hinwirken werde, dass das Publikum einer unzureichenden sogenannten physiologischen Heilmethode nicht länger mehr Preis gegeben werde. Der fünfte Satz der Stromeyer'schen Maximen heisst nämlich selbst: Arzneimittel dürfen nur dann gegeben werden, wenn sie nöthig, oder euphemistisch, wenn sie indicirt sind.« Also gibt es in der Allopathie keine Anzeige, d. h. Indication für die Wahl eines Heilmittels. Wann sind sie aber dann nöthig? Nur zwei Dinge sind es hauptsächlich, in denen Homöopathie und Allopathie einander völlig gleich sind. Einmal darin, dass sowohl Einer, der sich Homöopath, als Einer, der sich Allopath nennt, ein Geschöpf sein kann, welches kaum den Namen eines vernünftigen Menschen verdient, und dass zweitens, weder die Homöopathie, noch die Allopathie Unsterbliche machen können. Das stempelt aber weder die Doctrin der ersteren zu einer schlechten, noch die der letzteren zu einer guten.

Das Wechselfieber ist eine Krankheit, welche weder mit körperlichen Anstrengungen oder Gemüthsqualen, noch mit schlechten oder ungenügenden Lebensmitteln eine primäre ursächliche Gemeinschaft hat, wohl aber mit feuchten Wohnungen und sumpfigen Gegenden, in denen sich das Sumpfmiasma erzeugen kann.

Alle Heerde endemischer Wechselfieber sind mit sauerstoffarmer Luft überlagert und so gut wie Gefängnisse. Bedenkt man, dass die kleinsten Blutgefässe in den Lungenzellen ganz nackt der Luft ausgesetzt sind und das circulirende Blut also nur durch deren poröse Gefässwand von der Luft geschieden ist; dass ein und dasselbe Gefässchen in derselben Lungenzelle zahlreiche Umbiegungen macht und das Blut, durch diese vielen der Luft unmittelbar ausge-

setzten Oberflächen geführt, mit jedem Athemzuge an r e i n e r
Atmosphäre sich l ü f t e n soll; dass zugleich bei anhaltend
feuchter Luft die Abgabe von Wasser durch die Lungen
und die Hautoberfläche gehemmt ist, so muss sich zugleich auch
der Wassergehalt des Organismus nach und nach vermehren.
Unter solchen Umständen hat zum Zwecke der Prophylaxis
alle Ventilation aufgehört, erspriessliche Dienste zu leisten,
denn es kann damit keine bessere Luft zugeführt, sondern
es können nur die übrigen Respirationsprodukte und von
dem Menschen erzeugte schädliche Effluvien entfernt werden, also nicht die causa morbi.

Man muss daher zum Behufe der Prophylaxis selbstverständlich, namentlich an Orten mit Wasserbefestigung
für die künstliche Erzeugung von Sauerstoff oder Ozon Sorge
tragen, und hiezu bringe ich Folgendes zur näheren Prüfung
dringend in Vorschlag.

Zur Erzeugung von transportablem Ozon dient eine
Elektrisirmaschine mit einer Glasscheibe von 3—4 Fuss
Durchmesser.

Man legt auf ihren Conductor Kupfer- oder Platindrähte, von denen jeder in ein Glas Wasser endet und zwar
deren so. viele, als Leute da sind, welche Spuren von
Vorläufern des Wechselfiebers an sich tragen.

Durch die rasche Drehung der Glasscheibe wird sodann jedes Glas Wasser mit Ozon geschwängert. Es darf
aber nicht einmal damit vollständig geschwängert werden,
denn das Wasser nimmt $1/_{1300}$ Ozon seines Gewichtes auf,
was zum innerlichen Gebrauche viel zu viel wäre. Besitzt
das Wasser nur $1/_{1000000}$ an Ozon, so bemerkt man den Ozon-
geruch, der bei grösserem Ozongehalte durchdringend wird.
Ein Milliontel Ozongehalt wird daher genügend sein, obschon es sich bald aus dem Wasser wieder verflüchtigt.

Man lässt dann jeden Bedürftigen davon in bemessenen Zeiträumen mehr oder weniger trinken. Es drängt sich sogar die Frage an die Technik auf, ob solche Desinfectionen bei Wasserbefestigungen nicht weiter durch Drahtleitungen auf das Terrain ausgedehnt werden können, da man ein Wasser, welches man mit Brandpilzsporen inficirte, so dass eingebrachte Wasserthiere rasch sterben, durch eingeleitetes Ozon sogleich völlig desinficiren kann. Wo immer irrespirable Luft vorkömmt, wie z. B. auch in den Casematten, oder noch mehr in den Minen, wo der in denselben eingeschlossene Schwefelwasserstoff des Pulverdampfes die Minenkrankheit in den Galerieen erzeugt, welche die Mannschaften aus bestem Wohlsein oft plötzlich schlagartig zu Boden wirft, Convulsionen, Starrkrampf etc. hervorruft und nicht selten tödtet, da sollten überall Ozonträger in Bereitschaft sein. Galerieen in feuchtem Erdreiche oder mit feuchtem Rasen verdämmt, absorbiren nach einer Pulverexplosion eine solche Menge von Schwefelwasserstoffgas, dass es noch 3—4 Tage lang die Luft der Galerieen verpestet. Sie sollten daher alle trocken verdämmt werden. Dr. Josephsohn fand bei der kürzlichen Schleifung der Festung Jülich, dass der Calamus in dem Verhältnisse von 1 Quart Kornbranntwein und 2 Unzen Calamustinctur ein treffliches Prophylacticum gegen diese Minenkrankheit sei, ohne aber den Grund davon angeben zu können. Sie wirkt jedoch, wie alle harzigen Stoffe, als Ozonträger.

Für Spitäler wird es am zweckmässigsten sein, wenn man mit einer galvanischen Batterie so viel Wasser zersetzt, als nöthig ist, um die entsprechende, jedes Miasma und jeden Ansteckungsstoff zerstörende Quantität an Sauerstoff zu erzeugen, frei ausströmen zu lassen und in die verschiedenen Säle zu leiten, wobei man für nichts zu sorgen hat, als den gleichzeitig erzeugten Wasserstoff mit einem Abzugsrohre, z. B. wenn man eine verschlossene Batterie in einem Saale aufstellen würde, durch den Ofen abzuleiten. Solchen, welche dieses Experiment nur aus den Hörsälen der Universitäten kennen, möchte es viel zu wenig ausreichend erscheinen. Aber es kömmt dabei nur darauf an, dazu grosse Flächen von Platinfolien zu nehmen. Der kleine Apparat hiezu ist folgender: Zwei Glasgefässe, jedes von dem Inhalte einer bayr. Maass, werden an ihren Bodenflächen durchbohrt und durch diese Oeffnungen wird ein langer Platindraht so hindurch gezogen, dass er beide Gläser verbindet. Nun rückt man die Gläser dicht aneinander, so dass die beiden Enden des Platindrahtes im Innern beider Gläser bis an die oberen Ränder derselben hinaufreichen. An diese Platindrähte steckt man ihrer ganzen Länge nach jederseits eine Platinfolie von mindestens 5 bayr. Zoll Länge und $2^1/_2$ Zoll Breite, also eine Fläche von 12—13 Quadratzoll enthaltend, indem man jede Folie mit dem Platindrahte öfters durchsticht. Hierauf füllt man mit Wasser auf und bringt jedes Glas unter je einen Pol einer etwas höher aufgerichteten galvanischen Batterie, an deren Pol-Enden ebenfalls je zwei lange Platindrähte befestigt sind, die auf gleiche Weise mit Platinfolien versehen werden, um sie von oben herab in je eines dieser mit Wasser gefüllten Gläser zu senken, womit dann der Strom geschlossen ist.

Mit diesen 4 Platinfolien entwickelte ich durch eine Kohlenzinkbatterie von 14 kleinen Elementen binnen einer einzigen Stunde 250 Cub. Cent. Sauerstoff. Gewiss mehr als hinreichend für die ersten Desinfectionsversuche in grossen Krankensälen, denn es handelt sich nicht darum, den ganzen Bedarf an Sauerstoff zur Respiration herzustellen. Dabei waren die beiden Platinfolien in je einem Glase einan-

der so nahe als möglich gebracht, ohne sich zu berühren;
ferners wurde auch ein dicker, leicht mit einem Bindfaden
umschlungener Büschel von Glasfäden über beide Ränder der
Gefässe so gelegt, dass er bis auf ihre beiden Bodenflächen
reichte, aber kein Platina berühren durfte, um durch seine
Capillaranziehung die Leitung zu verstärken.

Dieses einfache Experiment lässt sich begreiflich sehr
leicht dahin ausdehnen, dass die Luft in den Sälen eines
Krankenhauses hinreichend mit Sauerstoff versorgt werden
kann, denn um auf diesem physikalischen Wege, wobei
das Wasser nicht einmal erwärmt wurde, der aber ohne
Vergleich weit ergiebiger ist als der chemische, genug
Sauerstoff zu gewinnen, bedarf es bekanntlich nicht sowohl
grosser, als vielmehr vieler Elemente und hauptsächlich,
wie gesagt, grosser, wo möglich rauher Platinflächen. Die
Kosten dafür sind so gering, dass sie gegen die des jähr-
lichen Chinin-Verbrauches verschwinden, zumal die Platinfolien
nicht zu Grunde gehen, Salpetersäure und Kochsalz eben so
leicht zu erschwingen sind, als das während des Experimentes verzehrte Zink.

Noch ist in Rechnung zu bringen, dass der so entwickelte Sauerstoff ozonhaltig ist, also mehr als der chemisch reine desinficirend wirkt, was die ausserdem nothwen-
dige Quantität bedeutend verringern wird, und dass das Blut
seine Oxydationsprozesse nur durch die Zufuhr eines ozon-
haltigen Sauerstoffes zu vollbringen vermag.

Eine solche Kohlenzinkbatterie sollte ohnehin in jedem
Feldspitale zur Faradisation verschiedener Neuralgieen, Lähmungen etc. vorräthig sein, sogar deren mehrere würden
noch Raum genug finden.

Wenn man die Berichte aus den letzten Feldzügen
liest, so leuchtet die absolute Nothwendigkeit von selbst ein,
dass für die künstliche Erzeugung von Sauerstoff oder Ozon

bei den Feldspitälern jeder Armee Vorsorge getroffen sein sollte.

Dr. Cazalac berichtet: »In den Bezirken der Krim, welche die französische Armee besetzt hatte, befanden sich fast allenthalben Sumpfmiasma erzeugende Heerde. Mitten im Lager und überall in dessen Umgebung lagen fast immer zahlreiche Thier-Cadaver und Auswurfstoffe jeder Art, die unaufhörlich putride Zersetzungsprodukte lieferten. Die Soldaten campirten unter Zelten oder in Hütten, die auf einem feuchten Boden aufgeschlagen waren, unter welchem fast allenthalben in geringer Tiefe zahlreiche Menschen- und Thierleichen eingescharrt waren, die wiederum verpestende Exhalationen verbreiteten. Im Sommer konnten die Zugänge zu den Zelten und Hütten offen gelassen werden. Im Winter aber blieben sie verschlossen und alle Soldaten harrten so lange als möglich in diesen immer feuchten Aufenthaltsorten aus. So wurden diese Wohnungen binnen Kurzem für die beträchtliche Zahl ihrer Bewohner die Quelle von Wechselfieber, Typhus, Ruhr und Scorbut erzeugenden Emanationen, welche die Mannschaft weit mehr decimirten als die feindlichen Geschosse.«

Was man indessen gewöhnlich Typhus, Nervenfieber oder Sehleimfieber nennt, ist anfänglich, d. h. wo es noch nicht zur Epidemie ausarten konnte, niemals eine Erkrankung aus specifischer Ursache, wie z. B. die Blatternkrankheit, sondern immer nur eine Symptomengruppe eines der ungünstigsten Stadien einer verschleppten oder unter unvortheilhaften Verhältnissen verschlimmerten anderen Erkrankung. So kann z. B. aus jeder Entzündung, aus jedem Gastricismus etc. sich ein sogenannter Typhus entwickeln. Er ist also lediglich Aufgabe des Arztes und man schützt sich gegen ihn, wenn man die angegebenen Vorsichtsmaassregeln und Heilmittel bei Zeiten gleich zu Anfang einer der oben bemerkten Erkrankungen in Anwendung bringt. Ist der Typhus aber irgendwo epidemisch geworden, so spricht das nicht für eine gute Verpflegung der Menschen, weder der Gesunden, noch der Kranken, wie wir sogleich sehen werden. Kennt man jedoch die Entstehungsursachen auch des epidemischen Typhus, so kann man am sichersten auch vor dieser Krankheit sich schützen.

Es kommen im Allgemeinen überhaupt nur zweierlei Typhusformen vor, der sogenannte Ileotyphus und der sogenannte Petechialtyphus, auch Typhus exanthematicus oder besser lymphaticus genannt. Dieser letztere kann aber auch ohne Exanthem vorkommen, jedoch nur in einzelnen Fällen gutartig verlaufender Epidemieen. Indessen übt das Exanthem auf die ärztliche Behandlung keinen Einfluss aus, ausserdem könnte dieselbe auf Neger und Indianer keine Anwendung finden, auf deren Haut das Exanthem nicht erkennbar ist.

Die primären Verbreitungsursachen des epidemischen Petechialtyphus stehen im Zusammenhange mit seinen Entstehungsursachen. Diese hängen nicht von klimatischen Verschiedenheiten oder von anderen Naturereignissen ab. In Gaëta brach er im Winter 1861 aus und dort wie in Irland, in den Cordilleras de los Andes, wie auch bei uns kürzlich in Oberschlesien, im Kriege, bei Belagerungen, kurz überall ist er in dem Einflusse ungenügender oder verdorbener ausschliesslicher Pflanzennahrung, von Kartoffeln, Brod, Früchten etc. begründet.

Die Pflanzennahrung erzeugt aber keinen Stoff, der eine specifische Localisation dieses lymphatischen Typhus auf organische Theile zulassen könnte. Darum wunderten sich z. B. auch die Aerzte der Expedition nach Griechenland, die von diesen Entstehungsursachen, obwohl sie selbst mitten

unter ihnen lebten und litten, keine Ahnung hatten, dass
der Typhus in Griechenland in der Leiche nicht die Veränderungen im Darmkanale zeigte, wie sie dieselben bei
uns zu sehen gewohnt waren; dass dagegen jeder ihrer
Typhus-Kranken an Brust, Unterleib und Extremitäten über-
säet von Petechien war, was bei dem bei uns gewöhnlich
vorkommenden Ileotyphus höchst selten sporadisch, nur
in der Form einzelner weitauseinander zerstreuter Flecken
vorzukommen pflegt. Da konnte man in Griechenland natürlich um so weniger günstige Heilerfolge haben, als man
sich damals wie jetzt an die Krankheitsnamen und nicht
nach dem Vorgange der Homöopathie an das Wesen der
Erkrankungen hielt. Auch Gefängnisse, wo viele Menschen
in ein enges Local zusammengelegt sind, wo karge oft verdorbene Cerealien und gar kein Fleisch verabreicht wird,
liefern solche Kranke.

Aber ein einziger an dieser Typhusform Erkrankter
vermag den Heerd für eine ganze Epidemie zu bilden, wenn
nicht die nöthigen prophylaktischen Maassregeln genommen
werden; indem besonders das aus seiner Perspiration sich
bildende, gasförmige, übertragbare sogenannte Gift an Allem
haften kann, was mit dem Kranken in Berührung kam.
Ferners ist von Herrn Prof. Dr. Wunderlich bewiesen, dass
dieses in einem engen Raum eingeschlossene Gift eine Tenacität, d. h. Unveränderlichkeit, bis auf die Dauer eines
halben Jahres besitzt.

Die Uebertragung dieses Krankheitsstoffes auf Gesunde
geschieht durch den Athmungsprozess, nicht durch blosse
Berührung. Dieser Stoff schwebt in der Luft, er exhalirt
gleichsam den leblosen Gegenständen, auf die er durch Berührung mit dem Kranken gebracht wurde. Daher sollten
Kranke dieser Art füglich und so lange es möglich ist im
Freien, unter Zelten der ärztlichen Behandlung unterzogen

werden, *) was, wo Feldspitäler existiren, sehr leicht ausführbar ist, oder es müssten in den Sälen für jeden dieser Kranken wenigstens 2000 Cub. Fuss Luftraum berechnet sein, der überdies durch beständige Zugluft erneuert werden könnte.

Unter Verhältnissen, die denen zur Erzeugung des Petechialtyphus gleichkommen, kann dagegen kein Ileotyphus, kein sogenannter Darmtyphus sich entwickeln, denn dieser beschränkt sich auf Gegenden, wo vorzugsweise Fleischspeisen, noch mehr, wo verdorbenes oder gehacktes Fleisch, Würste und dergleichen genossen werden, in denen man nicht einmal mit dem Mikroskope die Fleischsorten unterscheiden kann.

Auch der Ileotyphus hält sich weder an ein Klima noch an eine Höhe über der Meeresfläche und dergleichen durch die Natur der Erde bedingte Verhältnisse. Aber die animalischen und ammoniakalischen Ausdünstungen der Menschen selbst, die in beschränkten Wohnungen zusammengedrängt leben oder auch nur die Nächte über beisammen schlafen müssen, in Localen, die für den Mann nicht einmal das Minimum von 600 Cub. Fuss Raum enthalten, tragen zu seiner Entwicklung wesentlich bei. Dagegen kann die Verbreitung des Ileotyphusgiftes, welches dem des Petechialtyphus an Bösartigkeit und Tenacität weit zurücksteht, bei strenger Salubrität und guter Ventilation vollständig abgehalten werden, obgleich es sich im Innern des Organismus vorzugsweise im Darmkanale localisirt.

Beide Typhusformen verdanken ihre Entstehung also lediglich dem Menschen selbst und sind in seinem eigenen Verhalten nicht in der Atmosphäre oder in den Bodenver-

---

*) Während dieser Bogen bereits im Drucke war, vernahm ich, dass dieser Vorschlag auch in Oesterreich gemacht und kürzlich mit Erfolg ausgeführt wurde.

hältnissen, oder in klimatischer Verschiedenheit begründet; für beide Typhusformen kann ein einziger Erkrankter den Heerd einer Epidemie bilden; beide können an demselben Orte, je nach der verschiedenen Ernährungsweise der Bewohner neben einander epidemisch vorkommen; beide Typhusformen sind für homöopathische Aerzte sehr leicht heilbar, während die Allopathie bis zur Stunde sich dabei noch nicht zu helfen weiss.

Ich fühle, dass für solche Vorwürfe den Nichtsachverständigen Belege beigebracht werden müssen. Das wird mir auch nicht schwer; nur kann ich hier aus der zahllosen Menge, der Raumersparung wegen wieder nur ein Beispiel anführen.

Von den sieben, nach wissenschaftlicher Schätzung sehr bescheidenen Sätzen, welche der ehemalige Universitätsprofessor, nunmehrige Herr Generalstabsarzt Dr. Stromeyer, also gewiss eine Autorität in der Allopathie, in seinen Maximen der Kriegsheilkunst im vorigen Jahre aufstellte, heisst der zweite: »Es gibt kein specifisches Mittel. Bei Mitteln, welche als specifisch erscheinen, fehlt uns die physiologische Erklärung ihrer Wirksamkeit.« In dem siebenten Satze aber steht die Bemerkung: »wenn man die obigen Sätze, also auch diesen Satz, umkehrt, so wird man finden, dass sie den Charlatan charakterisiren.« Schon aber auf der darauffolgenden neunten Seite theilt Stromeyer mit: »dass seinen Typhus-Kranken die Phosphorsäure die ersten 14 Tage hindurch zu zwei Drachmen in 24 Stunden gegeben wurde,« und noch später gibt er auch Mercur und Chinin, also selbst specifische Heilmittel. Die Phosphorsäure gehört gerade zu den specifischen Mitteln für eine der Typhusformen; folglich kehrt Stromeyer in der Praxis diesen zweiten Satz gegen sich selbst um.

v. G r a u v o g l, Diätetik. 2. Aufl.   5

Ferners kennt Stromeyer nicht einmal den Unterschied zwischen Petechialtyphus und Ileotyphus, denn er spricht blos vom Typhus. Da aber diese beiden Typhusformen sowohl unter sich als auch nach ihren Ursachen und Bedingungen total verschieden sind, so hätte er auch als Anhänger der physiologischen Medizin doch wahrlich angeben müssen, in welcher dieser Typhusformen er seinen Kranken Phosphorsäure gibt. Er kennt also weder die Gründe, warum diese Säure gegeben werden muss, noch, und zwar eingeständlich, ihre Wirksamkeit — gibt sie aber doch! Ist das vielleicht rationell?

Es ist überhaupt keinem dieser physiologischen Allopathen, wie ihre Arzneimittellehren beweisen, ein Zusammenhang, weder ein physiologischer noch irgend ein naturgesetzlicher von Typhus und Phosphorsäure bekannt, obgleich dieser Zusammenhang, d. h. die Wirksamkeit der Phosphorsäure durch die Homöopathie physiologisch und naturgesetzlich eruirt und erklärt ist.

Der Grund, welcher Stromeyer veranlasst, dieses Heilmittel zu geben, kann nur einer von dreien sein: entweder lispelte eine Taube ihm in's Ohr, er solle im Typhus diese Säure geben; oder er erfuhr, dass die Homöopathen in bestimmten Typhusformen diese Säure verordnen, und versucht es mit ihr, ohne auch die Gründe der Homöopathie dazu zu kennen, auf's Geradewohl; oder endlich, er übt beim Typhus, d. h. nur so oft ihm die Heilung desselben gelingt, eine Homöopathia involuntaria aus, ist also, und das wäre der entsetzlichste Fall, zuweilen Homöopath, ohne es zu wissen und noch dazu auch desswegen ein ungeschickter, weil er diese Säure in solchen grossen Quantitäten reicht, welche zwar manchmal aber nicht immer von untergeordneter Bedeutung für den endlichen Erfolg eines specifischen Heilmittels sein können. Damit beweist er zugleich

seine Unbekanntschaft mit den Gesetzen des Organismus und
wird mit diesen Quantitäten häufig selbst die Ursache der
damit meistens verbundenen schädlichen, den Unkundigen
täuschenden Nebenwirkungen dieser Säure.

Wenn ein Arzt mit einem Faustschlage in's Gesicht
einen luxirten Unterkiefer zurückzubringen sucht, so nennt
man das ein rohes unmenschliches Verfahren, weil er ihn
nach den Regeln der Kunst zurückbringen sollte.

Als noch weit unverzeihlicher muss es bezeichnet werden, wenn ein Arzt die Beispiele über die vortrefflichen
Wirkungen der kleinen homöopathischen Dosen vor Augen
haben kann, aber dem ohnehin schon tödtlich Erkrankten
täglich auch noch zwei Drachmen Phosphorsäure aus dem
Grunde zu verzehren gibt, weil man es nicht besser gelernt
hat und für äusserst unbequem findet, das in der Jugend
Versäumte in seinen alten Tagen noch studiren und sich
praktisch aneignen zu sollen. Das Sprichwort sagt zwar:
wer nicht sehen und hören will, muss fühlen, aber das Fühlen
ist hier nicht bei den renitenten Aerzten, sondern bei ihren
unschuldigen Kranken.

Unter Ruhr in specie, d. h unter sogenannter rother
Ruhr, Dysenterie, versteht man eine Erkrankung des Dick-
und Mastdarmes in Folge von vorherrschend negativer Luftelektrizität in Begleitung von anhaltenden West- und Süd-
winden, besonders aber von Feuchtigkeit des Bodens, wie
das im Herbste der Fall ist, wodurch die Athmungsbewe-
gungen herabgesetzt und die auszuscheidende Kohlensäure
vermindert wird.

Schon Alexander von Humboldt fand, dass ein Stück
Thon, in 3000 Theilen atmosphärischer Luft eingeschlossen,
750 Theile Sauerstoff absorbirt, aber 127 Theile kohlensaures
Gas und etwas Wasser dafür entwickelt. Unveränderte,
vorzüglich neuere Gebirgsarten absorbiren das 6, 12, 20 bis

80fache ihres eigenen Volumens an Sauerstoff. Dieser Respirationsprozess besteht nicht nur für abgesonderte Gesteine, sondern für alle Gebirgsarten, aus denen die Erdoberfläche gebildet ist. Es ist den Untersuchungen der tonangebenden Aerzte der Allopathie über die Entstehungsursachen der Krankheiten bis heute gänzlich entgangen, dass die Erdoberfläche den Sauerstoff der Atmosphäre energisch absorbirt, verdichtet oder Wasser bildet, und dagegen Kohlensäure exhalirt, dass diese Momente auf das Leben des Menschen von grösster Einwirkung sein müssen. Dieser Respirationsprozess der Erde hat unter Anderem natürlich auch auf den Druck der Atmosphäre den mächtigsten Einfluss. Nicht einmal der Barometer steigt und fällt mit gutem und schlechtem Wetter, sondern er verhält sich dabei wie die Energie, mit welcher die Atmosphäre mit den Erdmassen sich ausgleicht. Aber es gehört zur Erhaltung der Gesundheit, dass alle Bewegungen des Erdorganismus in ihrer proportionalen Oscillation vor sich gehen können und hier sei darüber nur noch bemerkt, dass dieser Rhythmus von In- und Exhalation der Erdoberfläche nicht nur nach den Tages-, sondern auch nach den Jahreszeiten wechselt und im Herbste die Exhalation vorherrscht und die Bodenoberfläche immer feucht ist.

Näher liegt es freilich für nicht naturwissenschaftlich gebildete Aerzte, zu behaupten, das Obstessen sei die Ursache der Ruhr, aber nicht wahr ist es. Weil es zufällig im Herbste mehr Obst gibt und mehr davon gegessen wird, so soll es die Ruhr verursachen, wie oben das Wassertrinken den Sonnenstich.

Die Gründe, aus welchen die Ruhr in der Regel im Herbste epidemisch auftritt, sind daher ganz andere. Anfangs zeigt sich dann bloss Diarrhöe, aber alsbald entsteht vor jeder Stuhlentleerung, die immer mehr mit Blut gemischt

ist und endlich ganz blutig wird, ein heftig schneidender
Leibschmerz, der nach derselben wieder vergeht; doch ist
der Drang zur Defäcation, der sogenannte Stuhlzwang, ohne
Aufhören vorhanden. höchst quälend und geht zuletzt in Läh-
mung des Schliessmuskels am Mastdarme über.

Sobald man blutige Stühle in Verbindung mit jenen
Erscheinungen bemerkt, muss man sich sogleich der Colo-
synthis bedienen, wodurch meistentheils allein schon die
ganze Erkrankung coupirt wird.

Den Scorbut, eine specifische Blutentmischung, erwähne ich gleichfalls nur, um seine Entstehungsursachen
und seine ersten Kennzeichen anzugeben, obgleich die physiologische Medizin mit ihrer Unbekanntschaft damit grossthut.
Die Lehre über diese Erkrankung wurde nämlich in einem
der grössten vielbändigen medizinischen Werke unter der Redaction des Herrn Professors Dr. Virchow auf nur 4 Seiten
abgewandelt, indem sie (vide Band I, pag. 467,) »wegen ihres
seltenen Vorkommens ein geringes praktisches, und
weil wir nichts Sicheres über das eigentliche Wesen derselben wissen, auch ein geringes theoretisches Interesse habe,« (!) während die Lehre von der Cholera,
»bei welcher (B. II pag. 354,) die Natur mehr thue,
als der Arzt« 13 Bogen in Anspruch nahm.

Man muss indessen zugeben, dass Virchow seitdem
sehr viel von der Homöopathie gelernt hat, denn in seinem
jüngsten populären Vortrage über das Fieber kommen Anschauungen vor, die bisher nur in der Homöopathie zu
Hause waren. Er weiss jetzt beiläufig, wie man es beim
Fieber zu halten hat. Wenn er aber daran gehen will, es
wirklich so zu machen, so wird er finden, dass seine guten
Vorsätze zu Wasser werden, wenn er sich in der Praxis
nicht ebenfalls nach den Lehren der Homöopathie richtet.

Angesichts aber jener negativen Kenntnisse über den Scorbut muss ich aus meinen eigenen Erfahrungen ein instructives Beispiel anführen.

Aus einem einzigen einstöckigen Flügel einer Kaserne kamen von Zeit zu Zeit Scorbutische in das Krankenhaus, nachdem zwei Jahre zuvor eine Ruhrepidemie in dieser Kaserne ausgebrochen war und die ersten sowohl als die meisten Erkrankten stets in diesem Flügel lagen, während in der ganzen Umgebung der Kaserne und in der nur durch ein Flüsschen getrennten Stadt, nicht ein Mensch von der Ruhr oder vom Scorbut befallen wurde.

Die ersten Zugänge der Scorbutischen wurden kaum als Scorbutische erkannt, indem sie bloss über ausserordentliche Schwäche in den unteren Extremitäten beim Gehen und Reiten und nur noch über etwas mangelnden Appetit klagten, aber sehr bleich aussahen. Alsbald zeigte sich aber auch blutendes Zahnfleisch und besonders an den unteren Extremitäten violette, an den Rändern grünliche Flecken und die Leute waren sehr traurig gestimmt. Endlich wurden die Fussgelenke steif und es kamen auch Einige, bei denen die Waden sogar infiltrirt und bretterhart anzufühlen waren. Es war eine förmliche Scorbut-Epidemie ausgebrochen.

Wurden schon zur Zeit der Ruhrepidemie die Kasernenlokalitäten untersucht und untadelhaft befunden, so konnte man sich die Ursache auch dieser Erkrankung nicht erklären, weil hier alle Bedingungen zur Erzeugung des Scorbutes, die bisher bekannt oder als solche angenommen wurden, durchaus zu fehlen schienen; denn dieser Flügelbau hatte zwar die Lage gegen Norden, aber die Wände waren von jeher vollkommen trocken, nur die untersten mit dem Boden mehr oder weniger in Verbindung stehenden Steine waren hie und da einige Zoll hoch feucht, wie es bei sehr vielen Gebäuden der Fall ist, in denen niemals ein

Scorbut vorkam; die Mannschaft war im blühenden Jüng-
lingsalter und kräftig; die Menage für dieselbe, stets aus-
giebig, bestand aus gewöhnlicher sehr kräftiger Hausmanns-
kost, aus dem besten Rindfleische und lauter frischen Ge-
müsen; die Unterbringung der Mannschaft in ihren geräu-
migen und reinlichen Localitäten, in denen immer die beste
Luftbeschaffenheit zu herrschen schien, war vortrefflich;
nirgends gab es eine Klage, es herrschte vollkommene Zufrie-
denheit und die körperlichen Anstrengungen bei den Reit- und
Waffenübungen dienten nur zur um so besseren Aufrechthaltung der Gesundheit.

Jener auffallende Zugang aber gab wiederholte Veranlassung zur gründlichen Untersuchung dieser Baulichkeiten,
ohne dass auch nur die mindeste Ursache dieser Krankheit
aufgefunden werden konnte, welche übrigens nicht bloss im
Erdgeschosse vorkam, sondern mehr noch im oberen Stock-
werke. Da wurden endlich die Bodenbretter eines Zimmers
im Erdgeschosse aufgebrochen. Schon bei dem Emporheben
des ersten verbreitete sich ein eigenthümlicher kalter Moder-
geruch und bald kamen enorme Wucherungen des Mauer-
pilzes in 1—1½ Fuss langen und 2—6 Zoll dicken Lagen
von weichem, braunem, filzigem Gewebe zu Tage, welche fast
unter allen diesen Zimmern verbreitet waren. Es wurde
die feuchte Erde 2 Schuh tief ausgegraben und nach der
sofortigen Ausfüllung mit trockenem Mauerschutt und Kohlen
verschwand der Scorbut und kehrte seit 12 Jahren nicht
wieder. So verschleiern sich oft die Krankheitsursachen für
diejenigen, die noch nicht wissen, dass die Natur mit den
kleinsten Ursachen das Grösste bewirkt, denn auch hier
waren sie nicht greifbar und Niemand konnte die ganze
Zeit hindurch diese im Molecularzustande in der Luft schwe-
benden Krankheitsstoffe auf irgend eine Weise, nicht einmal
durch den Geruch wahrnehmen. Seit jener Zeit fand ich

bei allen auch dahier mir vorgekommenen vereinzelt gebliebenen Fällen von Scorbut ganz ähnliche Ursachen. Daher möchte auch zur See nicht das schlechte Trinkwasser etc., sondern das Kielwasser die Hauptursache für die Entwicklung des Scorbutes sein, der auf den Schiffen nur desshalb mit so grosser Intensivität auftreten zu können scheint, weil auch die Nahrung auf längeren Seereisen, wie während länger andauernden Feldzügen, oft eine zu einförmige ist und daher dem Körper immer dieselben wenig nahrhaften Stoffe zugeführt werden, während er wichtige andere entbehren muss.

Das scheint mir noch bemerkenswerth, dass nach meinen zahlreichen Beobachtungen der Scorbut kalte feuchte Localitäten oder Bodenflächen, das Wechselfieber warmfeuchte zu seiner Entwicklung nöthig hat.

Der Scorbut meldet sich durch eine auffallende Hinfälligkeit des Körpers und Depression des Gemüthes und äusserlich bemerkt man meist zuerst, dass das Zahnfleisch auf angebrachten Druck blutet.

Er ist, obschon für die Allopathie »ohne praktisches und theoretisches Interesse« sehr leicht heilbar, auch wenn man nicht allen diesen Schädlichkeiten ausweichen kann. So bald man jene Zeichen an sich gewahr wird, muss man sich an seinen Arzt wenden, der als Militärarzt jedenfalls auch für diese Krankheit theoretisches und praktisches Interesse besitzen und dieselbe zu heilen verstehen muss. Er muss von der Wissenschaft aller medizinischen Parteien so durchdrungen sein, dass er über ihnen steht, mögen dann diese traurigen gegen das Wohl der erkrankten Menschheit gerichteten Zunftverhältnisse noch so lange fortbestehen; er muss auch schon aus dem Grunde in der Wissenschaft der Homöopathie bewandert sein, weil von Jahr zu Jahr mehr Offiziere jede allopathische Behandlung ablehnen und vorziehen, homöopathisch geheilt zu werden; weil er also diesen Offizieren gegenüber als Ignorant dastünde. Die Blattern-Krankheit wird gewöhnlich eingetheilt in Variola, Variolois, Varicella, lauter Stufen derselben Ursache aber verschiedener Bedingungen und kömmt bald zerstreut in Pocken auf der Hautoberfläche vor, oder ineinanderfliessend, je nach der individuellen Empfänglichkeit für dieses sogenannte Blatterngift. Im letzteren Falle geht ein bedeutendes Unwohlsein mit heftigem Fieber etc. der Eruption der eiterartig gefüllten Bläschen vorher, im ersteren oft kaum bemerkbar. Dr. Stamm, der alle Welttheile durchsuchte, um die Krankheitsursachen gründlich zu studiren, ist von der Richtigkeit seiner im verflossenen Jahre erschienenen »Lehre vom Vernichten der Krankheit« durch das alleinige Vernichten ihrer Ursachen so überzeugt, dass er sich hinreissen lässt, auszurufen: »Welches Unglück, wenn es gelungen wäre, die Pest heilen zu können, es würde eine Verewigung des Unbekümmertseins um den Gesundheitszustand seiner Nachbarländer, eine Verewigung der Denkträgheit und Nachlässigkeit, eine Verewigung des Unrathes der Dummheit, des Lasters gewesen sein!« Allerdings fand er, dass Kairo jedesmal der Ausgangspunkt der Pestseuche war, dass, seitdem die die Stadt umgebenden Hügel abgetragen sind, die Winde Zutritt haben und für die Salubrität der Stadt Alles geschah, was nothwendig war, die Pest eine Sache der Unmöglichkeit geworden ist.

Da es der Allopathie zwar noch nicht gelungen ist, irgend ein specifisches Heilmittel gegen die Blatternkrankheit zu entdecken, aber durch die Impfung der Verbreitung der Blattern stets sogleich Einhalt gethan wird, so möchte es scheinen, als wäre die Blatternkrankheit wirklich ein abschreckendes Beispiel für die Wahrheit jener Exclamation, denn die Ursachen der Blatternkrankheit zu finden, ist für uns seit der Impfung kaum mehr ausführbar. Zum Glücke aber kennt die Homöopathie die Bedingungen des Organismus, unter welchen sich die Blatternkrankheit zu entwickeln vermag, somit auch die Heilmittel.

Herrschen also die Blattern in irgend einer Cantonirung, so wird es gut sein, wenn man beim ersten Unwohlsein nicht säumt, täglich wenigstens einmal Thuja (30) zu nehmen. Das gilt namentlich für Offiziere, die in die Spitäler commandirt sind, in welchen Blatternkranke liegen.

Dort sind sie ferner der grössten Gefahr mit der kleinsten Verletzung, die sie sich zugezogen haben, mit einem kleinen Risse im Finger ausgesetzt, wenn es Kranke gibt, die am Hospitalbrande leiden. In diesem Falle schützen sie sich aber vor aller Ansteckung mit Arsenicum (10).

Wenn man bloss die Ursachen zu entfernen brauchte, um die Krankheiten zu verhüten, so müsste man auch ganze Kasernen und Spitäler, selbst neugebaute, niederreissen; denn auch der Hospitalbrand ist grösstentheils ein Erzeugniss schlechter Luft. Ich sah ihn zuerst nach den Kämpfen mit den Freischaaren im Jahre 1849 in einem Spitale mit Wasserbefestigung umgeben, in welchem plötzlich zu viele Verwundete untergebracht werden mussten, so dass endlich alle Amputationen ganz unterlassen wurden, während zu derselben Zeit in einem anderen Spitale bei den Verwundeten derselben Mannschaften in gleicher Anzahl aber unter besseren Verhältnissen nicht ein einziger Fall von Hospitalbrand vorkam. Auch wurde bemerkt, dass das Heimweh und der Transport der Verwundeten auf die Wunden von Ähnlichem nachtheiligem Einfluss sein kann.

Der epidemische Catarrh des Kehlkopfes, der Luftröhre und ihrer Verzweigungen, die sogenannte Grippe oder Influenza entspringt aus derselben Ursache wie der zerstreut vorkommende Catarrh und Schnupfen, nur mit dem Unterschiede, dass die Ursache des letzteren sporadisch gegeben ist, weil sie grösstentheils aus dem eigenen Verschulden des Patienten hervorgeht; die der ersteren aber aus grossen und plötzlichen Sprüngen der Temperatur in der Atmosphäre um den Eispunkt, z. B. von 13—24° Wärme auf 8—9° Kälte in einem Zeitraume von Mittags bis Abends oder doch über Nacht, und wieder zurück auf hohe Wärmegrade.

Die Temperatur der äusseren Haut kann zwar im Verhältnisse zu der ihrer Umgebung zwischen den weiten Grenzen von 32 und 37° schwanken, und man hat z. B. ruhend das Gefühl behaglicher Wärme, d. h. spezifischer Ableitung derselben im Wasser, wenn es 27—31° warm ist; in unbewegter Luft und entkleidet, bei 22—25° und angekleidet bei 15—20°.

Anders aber gestaltet sich dieses Verhältniss auf den Schleimhäuten im Innern unseres Körpers, in der Luftröhre und innerhalb der Lunge, in welcher sich die Luftröhrenästchen verzweigen, die beständig mit der Atmosphäre in Berührung sind. Für diese sind die möglichen Temperaturgrenzen am kleinsten und fast Null; somit so grosse Temperatursprünge wegen dieser geringen Widerstandsfähigkeit auch am eingreifendsten.

Die Influenza ist daher auch nur ein Catarrh, aber der Ursache, wie den Folgen nach von ungleich grösserem Umfange als der sporadische; ebenfalls anfänglich mit Schnupfen und Fieber verbunden; aber zugleich sind auch die feineren Luftröhrenästchen angegriffen und da dieselben unempfindlich sind, so fehlt bei der Influenza das Gefühl von Brennen und Wundsein. Dagegen ist die Influenza von Schwerath-

migkeit und öfterem Frösteln begleitet, der Husten dabei ist
heftiger als beim Catarrh und besonders schmerzlich ist die
weit grössere Mattigkeit und Müdigkeit in allen Gliedern.
In der Regel beseitigt alle diese krankhaften Erscheinungen die Apis. Ist das versäumt, so muss man Arsenik
nehmen, der dann die veränderte Umsetzung in den Schleimhäuten vollständig aufhebt, wenn auch bereits stechende
Schmerzen beim Athmen in der Brust entstanden sind, die
den Unkundigen an eine Lungenentzündung aus anderer Ursache denken lassen und den Allopathen zu Blutentziehungen
verleiten. Diese bringen den Patienten natürlich sogleich
in Lebensgefahr und geben Zeugniss, dass der Arzt sich
weder in den Ursachen und Bedingungen der Krankheiten
auskennt, noch in denen der Heilung.

Bezüglich des Schnupfens muss ich aus dem vielfachen
Aberglauben, den die physiologische Medizin verbreitet hat,
nachträglich auf den aufmerksam machen: der Schnupfen
sei gesund, indem dadurch viel Krankheitsstoff ausgeschieden und das Gehirn gereinigt werde. Die Laien glauben es,
weil sie sich nach dem Schnupfen wieder wohl fühlen; aber
es ist falsch, denn jede veränderte Function beweist das
Dasein einer positiven Erkrankung und gerade beim Schnupfen
wird seine Ursache durch die krankhafte Schleimproduktion
nicht ausgeführt.

Um sich vor solchen Irrthümern sicher zu stellen, darf
man nur immer an die Elemente sich erinnern, aus welchen
jede Krankheit zusammengesetzt ist und ihre Heilung erfolgen muss. Eine Krankheit oder Heilung ist immer dann
gegeben, wenn das Dasein einer Ursache sie bewirkte;
aber diese Wirkung setzt die Bedingungen der Möglichkeit so oder anders zu erkranken voraus und diese Bedingungen liegen in der individuell verschiedenen, physiologisch-
anatomischen Zusammensetzung unseres Organismus. Der

Grund einer Erkrankung oder Heilung endlich enthält
die Subsumtion derselben unter die Naturgesetze. Wenn
man also ein scheinbar so ungefährliches Krankheitsprodukt, hier die catarrhalische Entzündung der Na-
senschleimhaut, sich selbst überlässt, so kann es unter
günstiger Temperatur etc. durch die Selbstthätigkeit des Organismus wieder seine Rückbildung erfahren; aber die Bedingungen zu seiner Möglichkeit, die Disposition zum
Schnupfen bleibt vorhanden. Diese Disposition enthält aber
zugleich die Bedingungen für noch viele andere und weit
gefährlichere Krankheitsformen, muss daher gehoben werden.
Da nun solche radicale Heilungen in der Allopathie rein unmöglich sind, so beschwichtigt sie zur Entschuldigung die
Laien mit solchen Ausreden.

Die sogenannte ägyptische Augenentzündung,
die Ophthalmia militaris, das Trachom, besser gesagt, die
granulöse Augenentzündung, ist am leichtesten und
bei der geringsten Disposition dazu ansteckend für Diejenigen,
welche mit einem Erkrankten solcher Art in denselben Localitäten zusammenwohnen müssen, besonders wenn nicht
Jeder seine eigenen Utensilien zum Waschen des Gesichtes
gebraucht. Die erste Entstehung dieser Krankheit wird kaum
bemerkt und ehe man auch nur eine Ahnung hat, man besitze ein krankes Auge, sitzt sie oft schon in allen beiden,
d. h. in ihren Lidern. Es ist daher dringend rathsam,
namentlich für Offiziere, die in die Spitäler commandirt sind,
in denen solche Kranke vorkommen, auf der Hut zu sein
und die Innenseite der Augenlider täglich im Spiegel zu
untersuchen oder untersuchen zu lassen, ob nicht daselbst
ganz kleine, oft nur sandkorngrosse blasenähnliche Erhaben-
heiten sich befinden.

Doch herrscht unter den Aerzten, denen nur die Lehren
der physiologischen Medizin bekannt sind, die grösste Un-

einigkeit über die sodann nothwendig gewordene Behandlung. Man ist in der Allopathie vor lauter Studien über die krankhaften Gewebe sogar so weit gekommen, diese specifische Augenkrankheit mit der Augenentzündung der Neugebornen, der Syphilitischen etc. gleichzustellen und sie alle miteinander als catarrhalische zu bezeichnen. Die Bindehaut des Auges bleibt freilich immer dieselbe, sie mag trachomatös, syphilitisch, catarrhalisch etc. erkrankt sein und daher sind natürlich die Veränderungen in den Erkrankungen aus den verschiedensten Ursachen und Bedingungen einander in manchen Stadien täuschend ähnlich. Aber das läugnen wieder Andere, und so sind folglich auch die allopathischen Behandlungsarten dieser Augenkrankheit im Allgemeinen sehr verschieden; nur darin sind sie alle einander gleich, dass sich die Aerzte dabei niemals nach den Bedingungen richten, sondern einzig und allein am Krankheitsprodukte mit Umschlägen, Quecksilbersalben, Blutentziehungen und allen möglichen Aetzmitteln, sogar mit Pinsette und Messer trotz der gerühmten expectativen Methode herumarbeiten. Stromeyer erinnert daran, dass ein berühmter Dichter, Hendrik Conscience, die Erfahrung durch eine Erzählung populär zu machen suchte, dass nur ein ländlicher Aufenthalt dazu gehöre, die dicksten granulösen Wucherungen und Trübungen der Hornhaut wieder aufzuhellen. Ein junger Soldat nämlich, der im Hospitale erblindet entlassen wurde, empfängt in seinem heimathlichen Orte unter guter Pflege sein Augenlicht wieder. »Jeder Arzt«, fährt er fort, »sollte sie lesen, besonders wenn er auf dem Wege zu glauben ist, das Trachom könne man nicht kuriren, sondern nur zerstören, um eine Narbe an seine Stelle zu setzen. Dieser Grundsatz ist bei weitem gefährlicher als das Trachom selbst.« Das Schönste davon ist, dass dessenungeachtet Stromeyer selbst mit Höllenstein und Kupfervitriol die Bindehaut in dieser Er-

krankung ätzt, aber mit der reservatio mentalis: Doch jedesmal
nur dem Reizvertrage des Auges angemessen. Wo ist aber
der Maasstab, nach welchem der Reizvertrag eines Auges
im Voraus berechnet werden könnte? Wenn jedoch das
Auge eines Soldaten krank ist, so ist es Aufgabe des Militär-
arztes, es so schnell als möglich und mit Sicherheit zu heilen,
die Ursachen für künftige Erkrankungen zu entfernen und
nicht die Leute in Urlaub zu schicken und Alles der beschränkten Selbsthilfe des Organismus zu überlassen.
Wenn nicht eigenes Nachdenken, so hätte doch jene
Erzählung auf den Antrag führen sollen, die Mannschaft der
ganzen Kaserne, in welcher diese Augenkrankheit vorkam,
unverzüglich ein Zeltlager beziehen zu lassen und zwar auf
so lange, bis die ärztlichen Untersuchungen dargethan haben,
dass seit Wochen bei keinem einzigen Manne mehr eine
Spur dieser Erkrankung vorhanden ist. Natürlich müssen
mittlerweile die sämmtlichen Kasernlokalitäten gründlich
desinficirt und auch die Fussböden aller Etagen, unter welchen
oft hundertjähriges Futter für Ungeziefer etc. gesammelt
ist, zu demselben Zwecke aufgerissen werden.
So liefert jede medizinische Schrift allopathischer
Aerzte massenhafte Beweise dafür, dass sie sich nur mit
den Krankheits-Produkten beschäftigen, nie aber mit den
Bedingungen der Krankheiten und höchst selten mit den
Krankheitsursachen. Dass diese Beschäftigung nie heil-
bringend sein kann, springt jedem Laien in die Augen und
ist daher die Hauptursache der wachsenden Angst des allopathischen Publikums vor jeder Krankheit und mehr noch
seiner grossen Scheu vor seinen Aerzten, denen es daher zum
grössten Bedürfniss geworden sein sollte, die grossartigen theore-
tischen und praktischen Errungenschaften der Homöopathie
zu studiren, anstatt beflissen zu sein, ihr bei jeder ihrer
Bewegungen einen Prügel zwischen die Beine zu werfen.

Diese Uebelstände sehen sich in einem sehr getrübten Lichte von dem Standpunkte aus an, auf welchem die Offiziere im Felde zu den ihren Abtheilungen zugetheilten Militärärzten stehen, wenn diese Aerzte nicht in Allem unterrichtet sind, was ihre Wissenschaft und Kunst ausmacht, denn da hört alle Wahl unter mehreren Aerzten auf.

Wer nun eine Spur solcher Granulationen auf der Innenseite seiner Augenlider bemerkt, nehme ohne weitere Rücksicht Natr. sulphur. stündlich und hüte sich sorgfältig, aus einem warmen Zimmer einer kalten Luft sich auszusetzen, oder aus kalter Luft in ein erwärmtes Zimmer zu treten, ohne eine mittlere Temperatur aufgesucht zu haben. Es wird auch vortheilhaft sein, als Zwischenmittel zugleich die Thuja (30) Morgens und Abends zu Hülfe zu nehmen und wie überhaupt, so besonders bei solchen Ereignissen, stets für gute Luft in seinen Wohnungen zu sorgen.

Wenn ich zu wiederholten Malen Vergleiche über die Verschiedenheit in der allopathischen und homöopathischen Behandlung der Krankheiten anstellen musste. so geschah es theils nach dem ausdrücklichen Wunsche der Offiziere selbst, um ihnen den Zweiflern gegenüber Vertheidigungsmittel zu geben, theils um den Regeln der Prophylaxis zu genügen, deren Aufgabe es ist, einen Schild gegen alle Schädlichkeiten zu bilden. Es ist für Jedermann nothwendig zu wissen, dass die sogenannten homöopathischen Aerzte mit aller Theorie und Praxis der physiologischen Medizin vertraut sind und vertraut sein müssen, dass es dagegen noch nicht vorgekommen ist, dass ein allopathischer oder physiologisch-medizinischer Arzt ein gesundes Urtheil über die Homöopathie abzugeben vermochte, weil ihm der Inhalt dieser grossen umfassenden Wissenschaft von Jugend auf und prinzipiell unbekannt geblieben ist, ein Inhalt, den man zur Zeit nur durch Privatfleiss und das Streben nach Fortschritt sich anzueignen vermag. Daher ist es einerseits kein Wunder, wenn einen jeden Anhänger der Homöopathie bei jedem Todesfall der unter allopathischer Behandlung sich ereignete, das betrübende Gefühl beschleicht, dass unmöglich jede Hilfe angewendet worden sein konnte, welche möglicherweise hätte angewendet werden können, um das Leben zu retten.

Andererseits findet die so eben behauptete Unbekanntschaft der Aerzte der physiologischen Medizin mit der Homöopathie abermals eine glänzende Bestätigung durch die zuvorkommende Antwort auf mein Sendschreiben an Liebig, welche in der Wiener medizinischen Wochenschrift, im Dezember vorigen Jahres enthalten ist. Der ungenannte Libellist sucht das Wesen der Homöopathie immer noch in den Verdünnungen oder gar Hochpotenzen und weiss nicht einmal, dass das Aehnlichkeitsgesetz allein ihr Emblème ist.

Da es auch zur Instruction für Anfänger dient, die sich über solche Gegenstände unterrichten wollen, so will ich ein Beispiel darüber anführen. Als ich selbst die Lehren der Homöopathie praktisch prüfen wollte, wählte ich natürlich nur Fälle, die damals nicht nur von mir, sondern auch von anderen allopathischen Collegen bereits für unheilbar und unrettbar verloren erklärt wurden. Aber es stand mir noch keine homöopathische Apotheke zu Gebote, daher verschrieb ich eben z. B. einen Viertelsgran Aconitextract, oder Belladonnaextract auf 4—5 Unzen Wasser aus der allopathischen Apotheke und in ähnlicher Weise auch andere Heilmittel, um sie stündlich zu einem Theelöffel voll nehmen zu lassen. Aber ich sah von den Heilmitteln in dieser Dosis, obgleich sie gewiss nicht zu den Hochpotenzen zu zählen ist, dennoch stets die überraschendsten Heilerfolge, wenn sie nach dem Aehnlichkeitsgesetz angezeigt waren. Dagegen gibt es allerdings Stoffe und Krankheiten, in denen sie durchaus nichts

leisten, wenn sie nicht noch mehr verdünnt sind. So gab
z. B. Dr. Blodig in der ägyptischen Augenentzündung auch
die Thuja, aber in ihrer Tinctur und versicherte, keinen
heilsamen Einfluss davon bemerkt zu haben. Das glaube
ich ihm gerne, aber welche naturgesetzliche Maxime hat ihn
geheissen, so zu verfahren?

Wenn mir indessen jener ungenannte Gegner das
schmeichelhafte Zugeständniss machen muss: »Richtige Beobachtung und eben so streng an Erfahrung haltende, als
von den Gesetzen der Logik sich nie entfernende Naturphilosophie sind allerdings der Weg zur wissenschaftlichen Begründung der Medizin und ihn betreten, ja nur gezeigt zu
haben, ist sicher ein Verdienst;« so frage ich, warum hat
er, anstatt seine Unwissenheit zur Schau zu tragen, nicht
lieber auf diesem von mir zuerst und nicht nur im Prinzipe
allein, sondern auch am Krankenbette so erfolgreich einge-
schlagenen Wege, selbst fortgebaut; warum vertiefte er sich
dagegen in subjective Anschauungen, die spielend ad absur-
dum geführt werden können und warum suchte er nicht
selbst lieber etwas Positives zu leisten, anstatt nach dem
Beispiele seiner Vorgänger wieder das Feigenblatt der Ne-
gation vorzunehmen und vor den Thatsachen zu fliehen?

Im Uebrigen bitte ich die Gegner zugleich zu beher-
zigen, dass das Echo aus dem Walde schallt, wie es hinein
kam; dass von unserer Seite, auf welcher also auch nach
ihrem eigenen Geständnisse schon prinzipiell das Recht und
das Wahre ist, das Einlenken nimmermehr gefordert werden
kann; dass sie, wenn sie von der Homöopathie etwas ver-
stünden, sich keine so fabelhaften Irrthümer zu Schulden
kommen lassen könnten, deren hier nur äusserst wenige zur
Warnung aufgedeckt werden müssen.

Das ansteckende Tripper- und Schankergift, sie
sind abermals Erzeugnisse der Unreinlichkeit der Menschen und

das erstere das furchtbarste, welches wir kennen, weil es zu einem endlosen Wechsel von einer Erkrankung in die andere führen kann, wenn es nicht auf homöopathischem Wege unschädlich gemacht wurde. Da überdies jeder hilflos verstrichene Tag von grösserem Nachtheile ist und die bald möglichste Heilung der ersten Erkrankungsformen aus beiden Giften mit Eifer angestrebt werden muss, so habe ich auch ihrer hier zu gedenken. Sie könnten vollständig ausgerottet werden, wenn Jedermann täglich zur Toilette auch das Bidet gebrauchen würde und das weibliche Geschlecht eine Clyso-pompe dazu, wie es in anderen Ländern, z. B. in Frankreich, längst zum guten Tone gehört.

Die Herren Professoren streiten sich zwar noch gegenwärtig über die Herkunft, Beschaffenheit und die Folgen dieser Gifte, sowie über den Unterschied zwischen ihnen und ihrer Heilung, nehmen aber auch hier zu ihren Untersuchungen die Krankheitsprodukte zur Hand.

Es ist das Grossartigste, was die physiologische Medizin in dieser einzigen Frage an Trugschlüssen aufgesammelt hat, seitdem sie in ihrem Drange, aus blosser Neugierde zu experimentiren, Impfversuche auch mit diesen Krankheitsprodukten anstellt, »um eine Grundlage für eine Heilmethode zu erringen.«

Das Einzige, worin Alle endlich nach einem Decennium des erneuerten Streites miteinander in's Klare gekommen sind, ist: dass ein Schankergeschwür, mit dessen Sekret ein mit diesem Geschwüre schon Behafteter geimpft wurde, ein weiches nicht inficirendes sei und keine secundären Zufälle zur Folge habe, wenn diese Impfung auf dessen Schenkel etc. mit Erfolg geschah; dass dagegen ein hartes inficirendes Schankergeschwür vorhanden sei, wenn an dieser Impfstelle kein Geschwür sich ausbildete, und dass in diesem Falle unabänder-

lich secundäre und tertiäre Folgen auftreten; dass endlich
der Tripper nur ein Catarrh sei und nichts zu bedeuten habe.

Damit ist wieder einer der Beweise geliefert, dass die
Herren Professoren und Kliniker von der Homöopathie und den
Naturgesetzen effectiv nichts wissen, indem sie nach so
langer und gewagter Empirie erst fanden, was ihnen das
Naturgesetz der Abstossung des Gleichartigen und der Anziehung des Ungleichartigen a priori, also ohne erst Versuche anstellen zu müssen, voraus gesagt hätte; denn eine
solche Impfung kann nur dann anschlagen, wenn eine Disposition zur Ansteckung vorhanden ist, d. h. keine Immunität
gegen das Gift. Diese Immunität kann nur unter zwei Bedingungen existiren: entweder ist das Individuum nach obigem
Gesetze also gar nicht disponirt zur Aufnahme dieses
Giftes, oder es ist, wenn es doch schon ein Schankergeschwür
besitzt, sein Organismus nach demselben Gesetze bereits
mit dem Gifte selbst so gesättigt, dass eine weitere Ansteckung unmöglich wurde.

Ueber alle übrigen Folgerungen, die ausserdem aus
solchen, sogar auch an noch nicht Angesteckten veranstalteten Impfungen gezogen wurden, bewegt sich der Streit
heute noch fort, so dass nach dem eigenen Geständnisse
dieser damit sich beschäftigenden physiologischen Herren
von einer Therapie, von einer Lehre, diese Erkrankungen zu
heilen, so lange Umgang zu nehmen sei, bis der Streit
sein Ende erreicht haben werde. Demungeachtet aber curiren
diese Herren, besonders mit Quecksilber und Jod in enormen
absolut schädlichen Quantitäten an ihren Patienten unausgesetzt fort und haben dazu noch die Syphilisation erfunden,
nämlich, die Patienten so lange mit diesem Gifte zu impfen,
bis sie durch diese verwerfliche Missbandlung jene letztere
ominöse Immunität erlangt haben!!

Allein auch die so eben berichtigten Schlüsse aus jenen Impfungen gelten doch nur in Beziehung auf den nothwendigen Ablauf der Begebenheiten, nicht aber in Beziehung auf die wirkliche Ursache und Beschaffenheit jener Gifte, denn es wurde nur von zweierlei Wirkungen auf zweierlei mögliche Ursachen geschlossen. Aber bekanntlich ist der Schluss von der Wirkung auf die Ursache unsicher, wie z. B. auch bei jenem Soldaten der, um den Busch auf seiner festgeschnallten Pickelhaube zu befestigen, aber nicht hoch genug hinaufreichen konnte, auf den Stuhl stieg.

Der Erkenntnissgrund ist ohne mathematische Naturphilosophie etwas Zufälliges und nur der aus ihr sich ergebende Realgrund ist unbestechlich.

Der Fehler der Herren Professoren liegt folglich darin, dass sie den Begriff: »der Wirkung einer Ursache« wie eine Eigenschaft des Trippers und Schankers ansehen und die Bildung dieser Krankheitserscheinungen unter jenen Begriff subsumiren, statt dass sie bloss die Bedingungen darunter subsumiren sollten, welche erst die Anwendung jenes Begriffes auf die Tripper- und Schankerbildung möglich machen.

Das bildende Princip in der Natur ist nämlich nicht das Gesetz, welches die Wirkung eines oder mehrerer Gifte bestimmt, sondern es ist das Gesetz, durch welches die Gemeinschaft eines jeden dieser Gifte mit dem Organismus bestehen kann, das Gesetz der Wechselwirkung.

Also auch in dieser wichtigen Frage handelt es sich nicht allein um die Wirkungen, am wenigsten auf Grund dieser gegen die Regeln der Kunst des Experimentes (siehe das homöopathische Aehnlichkeitsgesetz v. V.) veranstalteten Versuche, um aus zwei so viel wie unbekannten Grössen, aus zweierlei pathologischen Wirkungen eine dritte, die Ursache zu ihrer Heilung zu finden, sondern um die Verschiedenheit

der individuellen Körperconstitution, auf welche ein Gift
seinen Einfluss so oder anders auszuüben vermag oder nicht.
Dieser einen Irrationalität und der daraus entsprunge-
nen Unsicherheit der Professoren über das, was sie in diesen
Erkrankungen zu thun haben, steht noch die zweite in der
Anwendung ihrer Heilmittel in Beziehung auf deren Quantität zur Seite, und zwar im grellsten Gegensatze zu den
unwägbaren Quantitäten dieser Gifte selbst, deren eiterartige
Form weder durch chemische Untersuchungen noch durch
das Mikroskop, wohl aber durch den Geruch, von gutar-
tigem Eiter zu unterscheiden ist. Zwar verbreiten sich diese
Gifte nicht weit in der Atmosphäre, denn diese zerstört
sie, vermögen aber doch durch die Berührung am Entstehungs-
orte in Folge ihrer molecularen Beschaffenheit sogar die un-
versehrte Oberhaut zu durchdringen.

Hatte nun die Rathlosigkeit der physiologischen Medizin auch in diesen Erkrankungen sogar zur D u r c h -
s e u c h u n g der Menschen auch mit diesem verderblichsten
Gifte verleitet, damit sie von ihm gesättigt nicht mehr an-
gesteckt werden sollen; haben sich auch Menschen gefunden,
die sich das gefallen liessen, so ist dieses zu jenem Zwecke
fortgesetzte Einimpfen, so wenig wie das höchst überflüssig
gewordene mit dem Blatterngifte, vor dem Forum der Wissenschaft zu rechtfertigen; das sind keine Schutzmittel, sondern Trutzmittel der gefährlichsten Art gegen die Gesetze
der Natur. Das der physiologischen Medizin endlich ebenfalls eigenthümliche Vernichten der Krankheitsprodukte, das
Hinwegätzen der Geschwüre und das Unterdrücken des Trippers mit Einspritzungen sind dagegen die besten Mittel, das
Auftreten der secundären und tertiären Erkrankungen in
sichere Aussicht zu stellen und zugleich sich selbst alle Beobachtung über die Frage zu rauben, ob damit wirklich
Alles auch im Innern des Organismus geheilt sei.

Zu diesen secundären Erkrankungen zählt man die schmerzlosen Bubonen, die Hautausschläge, die Schleimhautgeschwüre und die Augenentzündung; zu den tertiären die Erkrankung der Knochen, den Tuberkel des Bindgewebes und die Krankheiten der Muskeln und inneren Organe. Wenn der Herr Prof. Dr. Niemeyer vom Tripper meint: »nach 8 bis 14 Tagen wird der Ausfluss allmählig spärlicher, nimmt wieder eine mehr schleimige Beschaffenheit an und kann endlich in der fünften oder sechsten Woche ohne alles Zuthun der Kunst verschwinden, wie dies die Resultate der homöopathischen Behandlung hinlänglich beweisen;« so weiss er nicht, dass und warum die Homöopathie den Tripper ohne Complication in der Regel nach längstens 7—21 Tagen so gründlich heilt, dass keine Nachkrankheiten mehr entstehen; er weiss nicht einmal, dass und welche nachhaltigen Complicationen der Tripper einzugehen vermag. Auch ist diesem Ausspruche des Herrn Professors gegenüber nicht einzusehen, aus welchen Gründen er, wenn denn doch der Tripper ohne Zuthun der Kunst, also auch ohne alle Folgen von selbst verschwinden könnte, dennoch Einspritzungen aus Tanin etc. ordinirt; wohl aber ist damit zugleich hergestellt, dass der Herr Professor von den Folgen eines ohne sein Zuthun oder noch mehr durch seine Ordinationen verschwundenen Trippers schlechterdings gar keine Ahnung hat.

In der gottlosen Homöopathie weiss man aber aus den Arzneiprüfungen und zwar in Uebereinstimmung mit der Empirie der alten Aerzte, denen noch weit mehr Gelegenheit gegeben war, über diese Erkrankungen in's Reine zu kommen, von einem Tripper und einer Tripperseuche oder Sycosis, und von einem Schanker und einer Schankerseuche oder Syphilis; ferners, dass fast Alles zur Tripperseuche gehört, was die Herren Professoren zu dem indurirten Schanker und seinen Folgen zählen und alles Uebrige zur Sypbilis, obwohl auch diese ähnliche Nachkrankheiten aufzuweisen hat, (siehe: Grundgesetze der Physiologie etc. v. d. V). Daher die ausgezeichneten unübertrefflichen Heilerfolge der Homöopathie auch in diesen Krankheiten; — daher all' das heillose unsagbare Unglück, welches den Herren Professoren mit der Behandlung ihrer mit diesen Krankheiten behafteten Patienten täglich passirt! Diese Thatsachen werden dereinst als eine tragikomische Anekdote in der Geschichte der Medizin figuriren. Allerdings haben der Tripper und alle Erkrankungen der Tripperseuche die Eigenthümlichkeit, von selbst zu verschwinden, aber nur um einander Platz zu machen, so lange keine Heilung eingetreten ist; auch treten die letzteren zumeist im Frühjahre hervor und verschlimmern sich bei nassem Wetter. Aber das und noch mehr hierüber wissen die Herren Professoren nicht, da ihre Impfungen nichts darüber zu erkennen geben. Doch wurde die Beobachtung dieser vermeintlichen Naturheilungen, jener von selbst zurücktretenden Erkrankungen, zu einer der Veranlassungen für die Herren Professoren, die sogenannte expectative zuwartende »Methode« zu erfinden.

Um den Offizieren einen Begriff von dieser Tripperseuche zu geben, zähle ich einige ihrer Formen auf, die oft in späteren Lebensjahren noch zu beobachten sind: Drüsenartige Geschwülste auf den Gehirnhäuten, am Halse, an der Zunge, in der Achselhöhle, am Netze und Gekröse des Darmkanales, in den Nieren, der Leber, der Milz am Zwerchfell, in den Lungen, in den Leistendrüsen, Stricturen der Harnröhre und des Schlundes, Hautausschläge und Geschwürbildungen, Krankheiten der Knochen der Nase und Mundhöhle, des Ober- und Unterkiefers, Brustbeines, der Rippen, des Kreuzbeines und der Darmfortsätze der Wirbelsäule, Knochenbrüchigkeit, Taubheit, Lähmungen, chronische Heiserkeit, Luftröhrenschwindsucht, Gehirnschlag, Geisteskrankheiten, Hypochondrie, Bright'sche Krankheit, Bluthusten etc.

Diese Krankheitsformen führen zu bedeutsamen Fehlern in der ärztlichen Behandlung, da sie in den Lehrbüchern der Herren Professoren gar nicht mehr von denjenigen unterschieden werden, welche in ähnlicher, doch nicht immer leicht zu unterscheidbarer Form aus anderen Ursachen zu entstehen pflegen. Den Bluthusten z. B. zu erkennen, dazu bedarf es nicht einmal eines Arztes; aber die Bedingungen zu durchschauen, unter welchen ein Bluthusten aufgetreten ist, ist eine andere Sache. Es gibt einen Bluthusten in Folge von Tuberculosis der Lungen, einen, der seinen Ursprung dem Sumpfmiasma verdankt, einen als Ausdruck der Tripperseuche etc. Nun auscultirt und percutirt die physiologische Medizin beim Bluthusten die Brustorgane ihres Patienten auf's Genaueste, macht alle möglichen chemischen und mikroscopischen Untersuchungen seines Blutes und das erschaute, erklopfte und erlauschte Resultat ist immer nicht mehr, nicht minder, als dass eben ein Bluthusten mit entsprechenden Veränderungen in den Lungen vorhanden ist, der entzündungswidrig behandelt werden muss. Verträgt nun kein Bluthusten ein entzündungswidriges, überhaupt gar kein herabstimmendes Verfahren, so wäre es offenbar in solchen Fällen auch den Ursachen und den Bedingungen nach nicht einmal angezeigt.

Doch genug der Warnung! Der Erfolg dieser physiologischen Behandlungsweise ist leicht zu ermessen und sie selbst bereits auch von den Laien gerichtet. Die Erkrankung am Tripper allein wäre schon Grund genug, nach Kräften den Laien von dem furchtbaren allopathischen Dogma mit seiner Scepsis durch eingehende Belehrungen zu emancipiren.

Es kann in der Harnröhre das Trippergift, in höchst seltenen Fällen aber auch das Schankergift, einen Ausfluss

v. Grauvogl, Diätetik. 2. Aufl.   6

veranlassen. Da dem Laien es schwer fallen würde, den Unterschied davon zu erkennen und ohnehin der letztere Fall so selten ist, dass er in vielen Jahren einem und demselben Arzte oft gar nicht vorkömmt, aber unter allen Verhältnissen die Folgen des Trippergiftes die bei Weitem nachhaltigsten und gefährlichsten sind, d. h. im Verhältnisse zu denen des Schankergiftes, so nimmt man bei jedem Harnröhrenflusse Natr. sulphur. Aendert sich binnen 48 Stunden nichts, so ist er mit einer der in Folge der Blatternimpfung am häufigsten vorkommenden chronischen Krankheiten complicirt und dann nimmt man neben dem Natr. sulph. Morgens und Abends auch Thuja (30) dazu. Wäre nach weiteren 48 Stunden noch keine merkliche Besserung, im Gegentheile Verschlimmerung eingetreten, so wäre wirklich ein Schanker in der Harnröhre zugegen und, wie bei jedem Schankergeschwüre, Mercur. corros. zu nehmen, bis man den Rath eines erfahrenen Arztes einholen kann. Dabei ist eine besondere Diät nicht einmal nothwendig. Bei Erkrankungen in Folge des Trippergiftes ist, wie beim Tripper selbst, das Fasten sogar schädlich; die Kräfte würden bald fühlbar sinken und auf den Gebrauch von Mercur würden sich alle Zufälle verschlimmern.

Nach hinweggespritztem oder sonst misshandeltem Tripper erscheint oft eine acute Hodenentzündung, in welchem Falle man Clematis nehmen muss. Die mehr chronisch verlaufende Hodenentzündung überlasse man dem Arzte zu beseitigen.

Der Nachtripper aber gehört gar nicht mehr in dieses Kapitel, er ist nur eine Folge der Complication des Trippergiftes mit jener constitutionellen Disposition, welche man die psorische nannte und kann nur durch Aufhebung dieser Bedingungen seine Heilung durch den Arzt finden, der nicht der physiologischen Schule angehört, indem sie von solchen Unterschieden nichts weiss.

Ich heilte viele hunderte mit Tripper und Schanker Behaftete, die täglich ihren Dienst zu Fuss und zu Pferde, in der Kanzlei, im Comptoir öder in der Werkstätte machten und Abends in ihre Gesellschaft gingen, ohne dass ein Mensch etwas davon bemerkte oder erfuhr; nur durften sie keinen Excess begehen.

Auch auf die L e i s t e n d r ü s e n ist zu achten, denn oft schwellen sie an, ohne dass vorher ein Tripper oder Schanker bemerkt worden wäre. Mit ihnen hat es aber keine Eile, sie zu heilen ist nur Sache des Arztes.

Nur das will ich noch beifügen, dass, ehe der Tripper zum Vorscheine kömmt, 3—8 Tage, selbst Wochen nach der Ansteckung verstreichen können, beim Schanker in der Regel 1—5 Tage.

Das Natrum sulphur, das Glaubersalz, ist das einzige in diesem Schriftchen angegebene Heilmittel, welches nicht erst, wie die übrigen, in einen Schoppen Wasser gethan werden darf, sondern man muss von seiner 3. Decimal-Verdünnung direct stündlich 4—5 Tropfen in einem Löffel voll Wasser nehmen, weil es in höheren Verdünnungen für diese Zwecke unwirksam würde. Es wird daher eventuell schnell aufgebraucht sein, ist übrigens überall zu bekommen und man macht sich diese Verdünnung dann selbst, indem man einen Gran von Natr. sulph. in beiläufig 100 Tropfen mit Wasser verdünnten Weingeist gibt, davon dann 10 Tropfen abermals in 100 Tropfen Weingeist und so noch einmal verfährt. *)

---

*) A n m. Ueberhaupt kann, wie der Leser schon bemerkt haben wird, die Bestimmung der naturgesetzlichen, rationellen Dosis nicht für a l l e Fälle nach einer a l l g e m e i n e n Regel durchgeführt werden, weil sie sich, wie gesagt, nach den Gesetzen der Relativität aller Bewegung und der Wechselwirkung des Organis-

Wäre die Cholera in der Nähe, so ist das erste Prophylakticum bei einer sich einstellenden Diarrhöe Chamomilla; so bald aber Cholerine, meist früh Morgens eingetreten wäre, Veratrum. Auch kann man sich prophylak-

---

mus zu richten hat, also theils nach der Quantität und Qualität der Krankheitsursache, theils nach der verschiedenen Intensität der Wirkungen der Heilmittel auf den Organismus und nach dessen eigenen Gegenwirkungen.

Der Arsenik z. B. ist das Archenicon der Alten und heisst Kraft und Wirksamkeit. Später zum Nachtheile der Menschheit missbraucht, ist er im gewöhnlichen Leben gleichbedeutend mit „Gift" geworden und dennoch dient er in vielen Gegendeu Steiermarks etc. als Genussmittel. Prof. Schmidt in Dorpat hat nun gefunden, dass er in sehr kleiner Dosis genommen, eine Verminderung des Stoffwechsels sogar um 20—40 Prozente veranlasst. Durch solcho minimale Dosen wird die Ausscheidung der Kohlensäure und z u g l e i c h des Harnstoffes so bedeutend unterdrückt, dass z u g l e i c h e r Zeit eine gleichwerthige Menge von Fett und Eiweiss im Körper zurückbleibt und ebenfalls g l e i c h z e i t i g in demselben Verhältnisse bei hinreichender Nahrung das Gewicht und die Fülle desselben vermehrt wird.

Das Lycopodium ferner ist so wenig eine Giftpflanze, dass die Chemie seine Bestandtheile als gänzlich indifferent und wirkungslos für den Organismus erklären zu dürfen glaubte. Allein das Gesetz der Oberflächenwirkung und die Gesetze des Organismus richten sich nicht nach chemischen Begriffen und Gewichtstheilen, und in seiner Molecularform wurde das Lycopodium zu einem der schätzbarsten Heilmittel, verhält sich also nicht indifferent gegen den Organismus des Menschen.

Ein anderes Beispiel hiezu liefert der ebenfalls nicht zu den wirksamsten Pflanzen gezählte Lebensbaum, die Thuja. Wird sie aber sehr verdünnt, so tritt ihre Wirksamkeit auf den Organismus d. h. ihre Abstossungs- und Anziehungskraft hervor; sie ist daher nur in hoher Verdünnung als Heilmittel verwendbar. Das sind lauter Thatsachen, die sich nach bestimmten Naturgesetzen ereignen und den Unkundigen unbegreiflich erscheinen.

Durch ein Naturgesetz wird der constante Ablauf der Begebenheiten aus gegebenen Elementen ausgedrückt.

tisch als Ozonträger Schwefelmilch in die Socken
streuen.

Man lebt jedoch vor dieser Erkrankung in einer solchen
Furcht, dass ich näher darauf eingehen muss. Sie ist, wie

\ Wenn man also als Gesetz aufstellen wollte, dass jedes Reizmittel eine der anfänglichen entgegengesetzte Nachwirkung
hervorruft, dass dieses ein Gesetz der Reciprocität oder Reactivität
der Nervenreizbarkeit sei, so erleidet es sehr viele Ausnahmen, ist
daher kein Naturgesetz, sondern ein Erklärungsversuch aus Mangel
an Bekanntschaft mit den Naturgesetzen. Die Digitalis zum Beispiele hat zur Erstwirkung auch den Harn zu treiben, aber nicht
zur Nachwirkung einen Harnfluss zu sistiren, eben so das Colchi-
cum etc. und die Nachwirkung oder allgemeine Wirkung hat
zuweilen den Anschein, als enthielte sie einen Gegensatz zur Lo-
calwirkung oder Erstwirkung; es ist aber stets nur eine Verschiedenheit und in dieser Beziehung gibt es wohl für jeden
einzelnen Stoff ein Gesetz für den Ablauf seiner Wirkungen in
verschiedenen Quantitäten, wenn die gegebenen Bedingungen
die gleichen sind, aber kein allgemeines Gesetz über Erst- und
Nachwirkung. Solche Versuche, neue Grundgesetze für die Heilkunde auszusprechen, erfordern die grösste Vorsicht. Letztere sind
alle in der Homöopathie schon vorhanden, und erstere würden
also zu spät kommen.

Um noch die der physiologischen Medizin so unbegreifliche
Wirksamkeit der Körper, je nach ihrer verschiedenen Quantität
zu berühren und um zu beweisen, dass an der Unbegreiflichkeit
einer Thatsache nicht sie selbst die Schuld trägt, sondern Derjenige, dem die Fähigkeit, sie zu begreifen abgeht, führe ich
ein praktisches Beispiel zum Vergleiche über die Verschiedenheit der localen und allgemeinen Wirkung eines und desselben Stoffes, zwischen der Wirkung seiner grossen und der
seiner minimalen Dosis an.

Bekanntlich erregte nämlich die sogenannte entzündungswidrige
Behandlung der Syphilis mit Glaubersalz (Natr. sulph.) vor beiläufig
25—30 Jahren grosses Aufsehen, indem man in Erfahrung gebracht
zu haben glaubte, dass viele Heilungen der Syphilis durch diese
Behandlungsweise vorgekommen sind. Das Glaubersalz wurde
hiezu, wie gebräuchlich, in grosser purgirender Dosis gegeben.

man jetzt aus Versuchen und Gegenversuchen mit der Elektrisirmaschine weiss, die Folge lange andauernder negativer Electricität der Atmosphäre. Unter dieser Luftbeschaffenheit entwickelt sich, (wie auch die homöopathischen Arzneiprüfungen mit Blausäure lehren, welche aus einer

---

Allein je mehr man damit Versuche machte, desto öfter bemerkte man die auffallende Unsicherheit in den Erfolgen, die sich Niemand zu erklären wusste, und diese Behandlung wurde desshalb wieder aufgegeben, so dass sie zur Zeit den Herren Professoren gänzlich in Vergessenheit kam.

Das lässt sich aber aus Folgendem ganz einfach erklären. Wir wissen, dass das genossene Wasser die Magenschleimhaut durchdringt, dass es sodann sogleich vom Blute aufgenommen und mit dem Harne wieder so viel davon entleert wird, als für den Organismus überflüssig geworden ist. Daher ist, wie bekannt, auch nur für diejenigen Salzlösungen, welche die physikalische Dichtigkeit des Wassers nicht überschreiten, die Möglichkeit gegeben, die Magenschleimhaut zu durchdringen, d. h. von ihr ebenfalls aufgenommen und dem Blute übergeben zu werden; während alle Salzlösungen von grösserer Dichtigkeit, wie von der Dichtigkeit der in der Allopathie gebräuchlichen Lösungen des Glaubersalzes von der Magenschleimhaut abgestossen werden, nicht in das Blut gelangen, sondern purgirend wirken und bei dieser Gelegenheit selbst den Darmkanal wieder verlassen.

Anders verhält sich's, wie auch die Arzneiprüfungen am Menschen lehren, mit dem gehörig verdünnten Glaubersalze, in welcher Form es die Dichtigkeit des Wassers nicht vermehrt, also vollständig von der Schleimhaut, somit auch von der des Mundes, Schlundes und Magens aufgenommen wird, dieselbe durchdringt und nun mit dem Blute sich vermischt. Daher muss auch die Wirkung des verdünnten Glaubersalzes eine ganz verschiedene von der in seiner purgirenden Lösung sein; denn die erste geschieht in unmittelbarer Wechselwirkung mit dem ganzen Organismus, die letzte nur in einer auf den Darmkanal beschränkten Wechselwirkung, nach dem Causalgesetze.

In der That treten auch erst nach Anwendung des Glaubersalzes in seiner Verdünnung, z. B. in der 3ten, nach den vorerwähnten Naturgesetzen, seine Wirkungsarten auf noch viele andere und verschiedene Theile des Organismus, auf das

Verbindung von Stickstoff, Kohlenstoff und Wasserstoff besteht), diese einer allmähligen Blausäurevergiftung ganz ähnliche Erkrankung, die man eben Cholera heisst. Da nun am Reibzeuge der Elektrisirmaschine negative, an ihrem Conductor positive Elektrizität sich entwickelt, so wäre es

Auge, das Gehirn, die Leber, den Nervus ischiadicus etc. deutlich hervor und unter diesen auch seine Wirkung auf die Geschlechtstheile, woferne sie in der Weise erkrankten, dass diese ihre Erkrankung wenigstens von den hauptsächlichsten übrigen Zeichen begleitet sind, die die Möglichkeit seines beabsichtigten Einflusses auch ausserdem vorausbestimmen lassen, z. B. von den Zeichen zu geringen Widerstandes des Blutes gegen den Einfluss des Wasserstoffes, da das Glaubersalz bekanntlich diesen Widerstand vermehrt. Durch solche Zeichen kann erst die spezifische Form dieser Erkrankungen diagnosticirt werden, denn bloss locale Wirkungen kommen im Organismus nach solchen Verdünnungen nicht mehr vor, sondern nur allgemeine. Unter diesen Bedingungen gegeben und in der Form der 3ten Decimalverdünnnng wirkt es dann natürlich nicht mehr als Purganz, wohl aber heilt es jeden Tripper, der mit jenen Zeichen einhergeht, und muss ihn, sowie viele seiner Folgekrankheiten unter gleichen Bedingungen in alle Zukunft eben so sicher heilen, wenn sie rein und ohne Verbindung mit anderen chronischen Krankheiten sich darstellen.

Das ist hoffentlich ein durchsichtiges Beispiel über den Unterschied zwischen der Wirkung der Heilmittel in grosser Dosis und der Wirkung in ihrer Verdünnung, d. h. in ihrem Molecularzustande, in welchen sie unmittelbar in das Blut gelangen und dem Innern des Organismus mitgetheilt werden, dann aber auch begreiflich in ganz anderer Weise wirken, weil sie an Ausbreitung, also an Wirkungssphäre gewinnen und hierin die grossen Dosen weit übertreffen.

Warum will man also auch für solche Fälle, wie z. B. für den Tripper bei der Anwendung der grossen Dosis hartnäckig verharren, da sie doch aus naturgesetzlichen Gründen nichts oder nur zufällig helfen kann? — Denn angenommen, es wurde unter jener purgirenden daher als entzündungswidrig bezeichneten Behandlung mit Glaubersalz, mancher sogenannte Syphilitische geheilt, so waren erstlich jene aus den Arzneiprüfungen bekannten, den Notabilitäten der sogenannten entzündungswidrigen Behandlung aber unbekannten für sie also rein zufälligen begleitenden Umstände, in einzelnen

der kürzeste Prozess, die Entwicklung dieser Krankheit,
so bald ihre ersten Zeichen sich bemerkbar machen,
durch den öfteren Genuss von ozonhaltigem Wasser zu verhüten, wie oben gezeigt wurde, wenn Anstalten dazu getroffen wären.

Dass das Grundwasser, je höher es steigt, desto mehr
zur Ausbreitung der Cholera beiträgt, ist natürlich, weil

Fällen vorhanden, und überdies mussten auch minimale Theile des
Glaubersalzes in zufällig entsprechender Lösung von der Magenschleimhaut aufgenommen worden sein; zweitens konnten es,
selbst dieses Alles vorausgesetzt, nur lauter solche Fälle gewesen
sein, welche man, zwar ebenfalls aus Unbekanntschaft mit den
Arzneiprüfungen, mit den nicht durch Glaubersalz heilbaren Sy-
philisformen identificirte, während sie realiter zu den sycotischen Formen gehörten.

Unbekanntschaft mit den verschiedenen Wechselwirkungen
der Stoffe in ihren verschiedenen Quantitäten innerhalb des Organismus; Unbekanntschaft mit den specifischen, durch Glaubersalz
heilbaren Erkrankungsformen aus verschiedenen Bedingungen und
Einreihung derselben unter das einzige Genus Syphilis, waren also
die Quellen jener Unsicherheit, die jetzt füglich aufgehört haben
sollte zu existiren.

Dazu kömmt noch, dass aus jener sogenannten entzündungswidrigen Behandlung ein deductiver Schluss auf den Erfolg,
d. h. ein Schluss aus bekannten Grössen, wie aus den Resultaten
der Arzneiprüfungen, auf eine vollendete Kunstheilung nie hervor-
gehen konnte, sondern nur jedesmal ein Fehlschluss ex post; dass
unter dieser allopathischen Behandlung also, wie in diesen, so in
allen Fällen jeder Patient nur ein Object für gewagte Experimente
bildet, welche nie durchaus gefahrlos sind. Es könnten zudem, wie
es den sycotischen Formen eigenthümlich ist, auch viele der be-
haupteten Heilungen örtlich von selbst erfolgt sein, den Arzt mit
vollbrachter Heilung getäuscht haben; während die Folgen der
noch andauernden, nur momentan zurückgedrängten Erkrankung
erst später, an anderen Theilen des Körpers in ganz anderen Formen wieder aufgetreten sein mussten, dann ebenfalls nicht richtig
erkannt worden sein konnten, womit ein weiterer Grund für jene
Unsicherheit vorliegt.

damit der Respirationsprozess der Erdoberfläche unterdrückt und ganz aufgehoben werden kann. Indem dadurch die Inhalation des Sauerstoffes vermindert wird, oder ganz aufhört, wie oben bei der Ruhr des Näheren angegeben ist, bilden sich allerdings specifische Zersetzungsprozesse in der obersten Erdschichte und zwar um so leichter da, wo Wohnhäuser stehen und dieselben auch den Einfluss des Lichtes abschneiden. Anderseits nimmt zugleich die Exhalation der Kohlensäure zu und verdirbt die ohnehin schon bei negativer Luftelektrizität mit Kohlenstickstoff übersättigte Atmosphäre noch mehr, und so können die Verbreitungsursachen der Cholera ähnlich, wie beim Petechialtyphus, mit ihren Entstehungsursachen allerdings im innigsten Zusammenhange stehen.

Das sogenannte Cholera-Miasma selbst bildet zuerst gleichsam nur einen Keim im Organismus zur wirklichen Erkrankung, deren völligen Ausbruch in der Regel nur schädliche Einflüsse anderer Art, Diätfehler, Erkältungen, vorzüglich Gemüthsaffekte etc. befördern, also lauter secundäre Gelegenheitsursachen. Da sich diese Gelegenheitsursachen zum wirklichen Ausbruche der Cholera mehr oder weniger leicht vermeiden lassen, so sind sogar bereits für sie disponirte Menschen im Stande, sich vor ihr zu schützen; nur dürfen sie sich am wenigsten einer concentrirten Atmosphäre schlecht verpflegter Cholerakranken oder deren Excrementen allzulange aussetzen. Ausserdem ist es namentlich die Baumwolle, welche das Choleragift in sich aufnimmt und zurückhält, aber aufgerissen wieder von sich gibt, wodurch sie zur Ausbreitung der Cholera über grosse Länderstrecken hinweg Gelegenheit gab.

Man merkt den Feind, der ebenfalls durch die Respirationsorgane einzieht, an den Vorboten. Die deutlichsten sind: beengende Leere in der Magengegend, Vollheitsgefühl im Leibe, Schwäche im Kreuze, in den Beinen, Ziehen, Zucken in den Waden, Kältegefühl, Brustbeklemmung mit unbestimmter Furcht und jede unangenehme Gemüthsbewegung vermehrt das eigenthümliche Vollheitsgefühl im Unterleibe. Alles verschlimmert sich bei Bewegung und bessert sich sogleich im Liegen oder Sitzen. Das kann Wochen, in der Regel 14 Tage, aber auch nur Stunden dauern und man hält sich dabei oft noch nicht einmal für ernstlich erkrankt. Doch ist hier der Gebrauch der Chamomilla schon unentbehrlich geworden, noch mehr, wenn zuweilen vorübergehend Diarrhöe oder Leibweh sich eingestellt hatten.

Alle diese Zufälle, die jeder Erwachsene in ähnlicher Weise schon öfter in seinem Leben empfunden haben wird, sind jedoch, und das muss besonders hervorgehoben werden, von einer ganz unverkennbar eigenthümlichen, noch nicht dagewesenen Depression des Gemüthes und seltener Schwäche begleitet, ohne dass eine Veranlassung dazu bekannt wäre, was aber eben auf den wahren Grund hinweist.

Die Gefahr aber liegt darin, dass diese Zufälle nach und nach von selbst in vollständiges Wohlsein übergehen, oft schon nach wenigen Stunden, und den Patienten viel zu früh unbesorgt machen, bis eines Tages, gewöhnlich des Morgens von 3—5 Uhr, heftiger Stuhldrang aus dem Schlafe weckt und wässerige übelriechende Stuhlentleerungen, die von Kollern und Blähungen begleitet sind, mit oder ohne Erbrechen auftreten. Diese Stuhlentleerungen, ungewöhnlich stürmisch und gewaltsam, hinterlassen eine ausserordentliche Leere im ganzen Unterleibe und unbeherrschbare grosse Bangigkeit.

Dieses Stadium, gewöhnlich Cholerine genannt, geht ebenfalls ohne Kunsthilfe sehr häufig nach einiger Zeit wieder in völliges Wohlbefinden über. Dessenungeachtet ist es aber Zeit geworden, Veratrum zu nehmen, sonst erneuert sich am anderen Morgen die ganze Scene mit Erbrechen; doch sind dann die Stuhlentleerungen schon heller, wie Kaffee mit Milch gemischt. Obgleich alle Beschwerden des vorigen Tages heftiger auftreten, die Zunge, oft schon das Gesicht eine blaue Färbung annimmt, so hilft immer noch Veratrum. Hat man sich diese Hilfe nicht geben können, so kommen am dritten Morgen nun schon reiswasserähnliche Stühle und nun hört jede Selbsthilfe auf, es wird aber auch sicherlich der Arzt schon zugegen sein.

Doch mache ich noch darauf aufmerksam, dass auf diese dreitägige Periode viermal nacheinander siebentägige Zwischenzeiten des Wohlbefindens folgen können, in denen mit Bestimmtheit die ärztliche Kunst vor Rückfällen durch China etc. zu schützen vermag. Fände aber diese Vorsicht keine Anwendung, so können sich also am 7ten, am gewöhnlichsten den 14ten Tag dieser 28tägigen Periode und selbst noch an ihrem letzten Tage jene heftigen Anfälle einstellen, die oft in wenigen Stunden tödten, wie es auf der Höhe der Epidemie schon nach kleinen Diätfehlern etc. leicht vorkommen kann.

Ich habe diese Beobachtungen nicht bloss aus meinen eigenen Erfahrungen in zwei Epidemieen allein, auch nicht aus den bloss localen Wahrnehmungen einzelner Autoritäten, sondern auch aus den Erfahrungen, die in allen Welttheilen gemacht wurden, namentlich auch in dem ersten Heerde der Cholera, in Indien. Wer immer ausreichende Gelegenheit hatte, die Cholera zu studiren, der wird gefunden haben, dass diese wichtigen Perioden auch bei uns sich geltend machten.

Das wird genügen, um diesen Gegenstand deutlich gemacht zu haben und die übergrosse Furcht auch vor dieser Krankheit zu verscheuchen. Nur bemerke ich noch, dass zufolge statistischer Nachweise auch in der Cholera bekanntlich die Homöopathie so grosse Erfolge aufzuweisen hat, dass die untergeordneten ihrer Gegner nicht mehr gesucht werden können. Aus den in diesem Schriftchen mitgetheilten kleinen Bruchstücken aus der Heilkunde wird der Leser sicherlich entnommen haben, dass gerade die ausgebreitetsten und wichtigsten Stoffe der Aussenwelt, der Sauerstoff, Kohlenstoff, Wasserstoff und Stickstoff, zwar die wichtigsten in unseren Nahrungsmitteln und in unserem Körper selbst sind; dass dieselben aber auch zu Ursachen der ausgebreitetsten und gefahrvollsten Erkrankungen werden, so bald ihre Eigenschaften verändert oder auch nur um ein Minimum in anderen Quantitäten auf uns anhaltend einzuwirken im Stande sind, als wir eben davon zur Erhaltung unseres Lebens bedürfen.

Dieses Minus oder Plus dieser Quantitäten, in welchem sie für uns tödtlich werden können, ist so verschwindend klein, dass es weder von der Chemie noch von der Physik bisher bestimmt werden konnte. Einzig und allein zur Zeit des Höhepunktes der Choleraepidemie in Indien am Ganges, also unter den für diese Erkrankung günstigsten Verhältnissen, gelang es Regnault zu finden, dass dort der Sauerstoffgehalt der Luft, der unter gewöhnlichen Verhältnissen um 20,9 und 21,0% oscillirt, während jener Zeit auf 20,3% herabgedrückt war.

Der Leser wird aber vielleicht weniger zur festen Ueberzeugung gelangt sein, dass man die Bedingungen der Krankheiten, d. h. das zuweilen vorkommende Unvermögen unserer organischen Gewebe, sich solchen Schwankungen zu accommodiren, nicht anders, als mit eben so minimalen Quantitäten der Heilmittel zu beseitigen im Stande sein kann. Daher nur noch ein instructives Beispiel.

Unter welchen Voraussetzungen das eine oder andere der vielen z. B. den Stoffwechsel vermehrenden

Heilmittel in irgend einem Falle gegeben werden soll, das
sagen uns nur die Vergleiche mit den homöopathischen
Arzneiprüfungen.

Es seien z. B. zwei Patienten mit Bluthusten zu heilen.
Bei dem A. sind mit dem Bluthusten vermehrte
kurze Athemzüge mit einem Pulse von 95—100
Schlägen in der Minute verbunden, die Harnsekretion vermindert; er ist sehr erregt und
befand sich von jeher bei nassem Wetter besser
als bei trockenem; die Ursache ist von den Eltern er-
erbte beginnende Tuberculosis. Bei dem B. beobachten wir
ebenfalls Bluthusten, aber die denselben begleitenden Erscheinungen sind sehr verschieden mit denen des A. Die
Athemzüge des B. sind dabei nicht vermehrt,
eher seltener, der Puls von 70 Schlägen in der
Minute, die Harnsekretion vermehrt; er ist sehr
niedergeschlagen und von jeher bemerkt er, dass
er sich bei trockenem Wetter besser befand; zugleich leidet er an Hämorrhoïden.

Die Aehnlichkeit dieser beiden Krankheitsformen springt
in die Augen. Nicht nur sind die Functionen der Brustorgane bei beiden verändert, sondern auch die Circulation
des Blutes und die Nierenfunktion; dabei reagiren die organischen Gebilde Beider auf den verschiedenen Wassergehalt
in der Atmosphäre.

Bei beiden Patienten sind also in Beziehung auf die
anatomischen Localitäten gleiche Theile erkrankt, aber deren
Functionen äussern sich bei jedem in verschiedenem, man
könnte sagen, in entgegengesetztem Grade, Maasse und in
verschiedener Zahl. Was nun in allen seinen Theilen zu etwas
Anderem sich weder gleich noch entgegengesetzt verhält, nennt
man einander ähnlich; folglich müssen diese beiden Formen

von Bluthusten, trotz ihrer Aehnlichkeit, dennoch aus verschiedenen Ursachen und Bedingungen entstanden sein.

Die Herren Professoren wissen aber nicht, was mit solchen Untersuchungen anzufangen wäre, sie beschäftigen sich bloss mit Versuchen, solche Blutungen nach dem Causalgesetze direct zu stillen; aber den Ursachen und Bedingungen, das gestehen sie selbst ein, wissen sie nichts zu gleicher Zeit anzuhaben, höchstens nacheinander. Der Bluthusten hört aber ohne solche Versuche oft von selbst auf, kömmt aber bald wieder, oder er trotzt ihnen und das ganze Verfahren ist so wenig physiologisch als rationell, denn nach dem Causalgesetze, dem Gesetze der anorganischen Welt ereignet sich Alles, was durch eine Ursache mit einer darauffolgenden Wirkung verbunden ist. Die Herren Professoren müssen, auch wenn das Blut gestillt wäre, bei dem A. jetzt dann erst noch die beschleunigte Bewegung des Blutkreislaufes, allenfalls mit Digitalis herabzusetzen suchen; hierauf die beschleunigten Athemzüge durch Blutentziehungen schwächen; endlich die Harnsekretion mit Herbstzeitlose vermehren; aber wie sie dem A. die Reizbarkeit nehmen und es durchsetzen, dass er auch bei trockenem Wetter sich besser befinde, das möchte eben so schwer halten, wie bei dem Patienten B. die Athemzüge und Pulse zu beschleunigen, die Harnsekretion zu vermindern etc.; am wenigsten ist es möglich, durch solche, allerdings nur mit den allopathischen Dosen der Heilmittel ausführbare Gewaltmaassregeln, es dahin zu bringen, dass Alles, was die Digitalis, die Herbstzeitlose, die Blutentziehungen anstellten, auch von Dauer sei ; dass also, gesetzt, es hätte das Alles keinen Schaden gebracht, wirklich eine Heilung vollbracht werden könnte. Man sieht, bei dieser sogenannten physiologisch-rationellen Heilmethode muss jedes Symptom, so bald es da ist, auch dafür abgestraft werden, aber es gelingt höchst selten und die Patienten sind

damit selbst am meisten gestraft. Man muss also darüber
nachdenken, wie man die Möglichkeit des Bluthustens unmöglich machen kann. Darüber vermögen uns nur Experiment und Beobachtung Aufschluss zu gewähren. Statt einer
der Arzneiprüfungen werde ich aber ein ihnen gleich kom-
mendes, leicht fassliches Beispiel geben.

Es wurde längst beobachtet, dass bei relativ Gesunden auf den Höhen von 5—6000' über der Meeresfläche, bei geringerem Wasser- und Sauerstoffgehalte der
Luft, ein lebhafterer Stoffwechsel vor sich geht, dass somit
tiefere und häufigere Athemzüge gemacht werden müssen,
der Puls frequenter schlägt, der Kreislauf des Blutes beschleunigt wird und das Blut mehr in die Peripherie der
Organe führt, bis sogar Bluthusten entsteht und dass zugleich, wegen der grösseren Ausgabe von Wasser durch
Haut und Lungen, die Harnsekretion vermindert wird. Dabei entsteht Erregung des Nerven- und Gefässsystems und
tritt das Gefühl von grösserer Geistesfrische auf.

Ferners wissen wir, dass ebenfalls bei relativ Gesunden,
die sich einer wasser- und sauerstoffreicheren Luft in den
Niederungen im Niveau des Meeres nicht accomodiren können, Verlangsamung des Pulses und der Respiration, sowie
eine verminderte Wasserausscheidung aus den Lungen und
der Haut vorzukommen pflegt, was wieder vermehrte Harnsekretion zur Folge hat.

Das Blut wird dabei mehr auf die inneren Theile con-
centrirt, veranlasst sogar bisweilen Bluthusten etc., und es
tritt endlich Erschlaffung der Nerven- und Gefässthätigkeit
mit Gefühl von Mattigkeit und Geistesträgheit auf.

Es können also auch hier aus den verschiedenen Ursachen in der Höhe und in der Tiefe zweierlei Formen von
Bluthusten entstehen, die den beiden jener Patienten vollkommen ähnlich sind.

Vergleichen wir nun die begleitenden Erscheinungen dieser aus ganz verschiedenen Ursachen entstandenen Formen von Bluthusten alle miteinander, so ergibt sich von selbst, dass wir aus klaren physiologischen Gründen, und um für jene beiden Patienten Heilmittel im Molecularzustande zu haben, welche die krankhaften Bedingungen ihrer Organisation aufzuheben im Stande sind, den A. auf das Niveau der Meeresfläche, den B. auf die Alpen schicken müssen und können mit Bestimmtheit den günstigen Erfolg vorhersagen, woferne wir keine anderen rascher wirkenden Heilmittel wüssten und überhaupt dieses Verschicken jedesmal ausführbar wäre.

Dort werden nämlich, nach dem Gesetze der Wechselwirkung, nach welchem alle Theile im Innern des Organismus gleichzeitig und unmittelbar selbst aufeinander wirken, bei dem A. durch die wasser- und sauerstoffreichere Luft, also durch diese Stoffe der Aussenwelt verursacht, die vermehrten Athemzüge sammt den vermehrten Pulsen zu gleicher Zeit, aber auch in denselben Momenten und nach demselben Verhältnisse zugleich die Harnsekretion vermindert; er verliert zugleich mit all' Diesem seine Aufgeregtheit und seine Empfindlichkeit gegen das trockene Wetter, d. h. mit einem Worte, er geht nach den bestehenden Naturgesetzen seiner Heilung eben so gewiss und ohne irgend einen Nachtheil zu erfahren, entgegen, wie der B. auf den Alpen.

Da nun auf diesem Wege, nur nach dem Gesetze der Wechselwirkung, alle und jede Heilungen vor sich gehen müssen und die Homöopathen alle ihre Heilungen nach diesem Gesetze des Lebens ausführen, so ist hoffentlich begreiflich, dass zu solchen Wechselwirkungen im Innern unseres Organismus auch nur homöopathische Verdünnungen brauchbar sein können und begreiflich, dass der A., wenn er eimerweise Wasser trinken und Sauerstoff einathmen, und der

B., selbst wenn er sich austrocknen könnte, nicht geheilt würde.

Immerhin gibt dieses Beispiel ein deutliches Bild über die rationellen Mittel und Wege, welche die Homöopathie besitzt und einschlägt, um radicale Heilungen zu erzielen, denn einzig und allein hiezu und einzig und allein aus den vorerwähnten naturgesetzlichen Gründen unternahm sie ihre Arzneiprüfungen.

So sahen die Homöopathen Bluthusten auftreten, während ihrer Prüfungen an relativ Gesunden, (denn ganz gesunde Menschen möchte es in unserer Zeit wenige mehr geben,) mit Arnica, Thuja, Kochsalz, China, Holzkohle, Schwefel, Salmiak etc.; aber auch diese Fälle von Bluthusten hatten dann natürlich, je nach der Prüfung mit dem einen oder anderen dieser Stofe, auch verschiedene begleitende Erscheinungen, deren physiologische Bedeutung so unverkennbar ist, wie die derjenigen, welche aus den verschiedenen Erhebungen über die Meeresfläche hervorgegangen sind. Merkwürdig, aber chemisch-physiologisch einleuchtend war noch bei diesen Prüfungen die Beobachtung, dass diese Stoffe sich im Organismus auch als gegenseitige sogenannte Antidota erwiesen haben.

Aus derartigen zahlreichen Experimenten und Beobachtungen zogen die Homöopathen nun den Schluss: dass je mehr zwei Krankheiten aus verschiedenen Ursachen und Bedingungen, dennoch der Form nach miteinander übereinstimmen, also einander ähnlich sind, desto sicherer, schneller und leichter, die eine durch die Ursache der anderen geheilt wird und die nie ausbleibende Bestätigung davon am Krankenbette hatte endlich diesen Schluss zum Gesetze erhoben.

Wir sehen also, dass das Aehnlichkeitsgesetz für die Wahl oder Indication der Heilmittel da ist, während die

Wirkungen davon jedesmal durch sogenannte Gegensätze
bedingt sind.

Es gibt allerdings noch Homöopathen, die aus Mangel
an physiologischen Kenntnissen glauben, es müssten alle
Erscheinungen zweier Krankheiten einander ähnlich sein,
um das rechte Heilmittel zu finden, was unmöglich ist und
ihnen viel zu rathen gibt, während sie selbst beobachten
könnten, dass derselbe Stoff z. B. bald vermehrte, bald verminderte Pulsfrequenz, Athemzüge etc. erzeugen kann, je
nachdem er nämlich an verschiedenen Individuen oder in
verschiedener Dosis geprüft wird. Dagegen haben diejenigen Homöopathen, welche mit der Mathematik und allen
Zweigen der Naturwissenschaften vertraut sind, so viele
schlagende günstige Erfolge zu zählen, dass sie das grösste
Aufsehen unter ihren Gegnern erregen.

Nun wird der Leser auch die Gründe ermessen können,
aus welchen bei den äusserlich verschiedenartigsten Krankheitsformen oft dieselben Heilmittel angewendet werden müssen,
und warum selbst unsere besten Nahrungsstoffe Krankheiten
zu erzeugen und auch zu heilen vermögen. Nur sind alle
Stoffe der Aussenwelt auch hinsichtlich ihrer Wirkungs-
dauer auf unseren Körper ebenfalls specifisch von einander
verschieden. Eine Dosis von Aconit (3) z. B. wirkt oft kaum
2 Stunden, Arsenik (10), bei Manchem 10—12 Tage; Thuja (30)
mehrere Wochen; das Choleramiasma hinterlässt eine Disposition zu Recidiven von der Dauer von 28 Tagen; das
Sumpfmiasma auf 1—10 Jahre; die Blatternimpfung, eine
Immunität gegen sich und Disposition zu anderen Krankheitsformen auf 15—20 Jahre und oft, wie das Trippergift,
lebenslänglich. Bedenkt man die Mannigfaltigkeit der Krankheitsformen, welche aus der Verbindung von nur zweien
solcher Krankheitsbedingungen entstehen können, so erregt
es sicherlich nicht geringes Befremden, dass auch über

dieses Thema in der physiologisch-rationellen Medizin so gut wie Nichts zu finden ist. Ich hätte gerne noch einige Heilmittel angegeben, so namentlich die Bovista, welche das stets sehr quälende und so häufig vorkommende Zahnweh hohler Zähne sehr rasch zu heben vermag u. dgl.; allein für den Feldgebrauch lässt sich so Vielerlei nicht mitnehmen.

Auch will ich nicht unerwähnt lassen, dass die oben angegebenen Verdünnungen der Tincturen etc. in Wasser meist milder wirken, wenn man sie mit noch weit mehr Wasser verdünnt, ohne dass sie an der Sicherheit ihrer Wirkung einbüssen, was besonders für leicht erregbare Körper bemerkt werden muss.

Anleitung zur chirurgischen Selbsthilfe mit Angabe der nöthigen Utensilien.

Dass die Füsse und die Fussbekleidung immer in brauchbarem Stande erhalten werden, ist eine andere Lebensfrage für den Infanteristen, der sich dem Dienste stets erhalten soll. Wer weiche Haut an den Füssen hat, dem ist zu rathen, vor dem Marsche jeden Tag seine Socken auf der Innenseite mit Unschlitt abzureiben, nicht mit Seife, wie zuweilen geschieht, da sie die Epidermis der Haut löst und das Uebel verschlimmert. Blasen an den Füssen werden mit einer eingefädelten Nadel durchstochen. Man lässt dann den Faden liegen, bis sie sich entleert haben, muss ihn aber begreiflich vor dem Ausrücken wieder entfernen.

Aus einer grossen Anzahl von Beschwerden auf dem Marsche und im Felde errettet den Soldaten die Arnica.

Bei vorhandenem Brennen und Wundsein der Füsse ist die Arnica weder durch fette Substanzen, Salben, noch durch Bleipräparate oder Branntwein etc. zu ersetzen. Man gibt zu diesem äusserlichen Gebrauche etwas mehr als gewöhnlich, circa 10—12 Tropfen der Tinctur auf einen Schoppen Wasser und wäscht sich die wunden Stellen, auch die des sogenannten Wolfes, und nach einigen Stunden abermals. Sind die wunden Stellen sehr ausgebreitet, so macht man sich nach dem Einrücken in's Lager oder Quartier Ueberschläge davon und ist sicher, des anderen Tages ungehindert weiter marschiren zu können.

Allein beim Aufgerittensein reicht das nicht immer aus, ohne Deckungsmittel gegen neue Reibung der Weichtheile. Zu diesem Zwecke bedient man sich eines Stückes englischen Pflasters von der Grösse, dass es wenigstens einen Zoll rings um die verletzte Fläche hinausreicht, taucht es in die Verdünnung der Arnica, um es zu erweichen, legt es auf und lässt es anschliessen und trocknen. Wäre das Pflaster nicht wenigstens von der angegebenen Grösse, so würde das Wundsekret es bald ablösen. Eben aber aus dem Grunde, weil es das Wundsekret durchlässt, ist es dem gewöhnlichen Heftpflaster vorzuziehen, unter welchem das Wundsekret eine dicke Incrustation bildet, die jeden Tag wieder abgerieben würde. Wer mit dem Anlegen von Binden umgehen kann, dem heilt jedes Aufgerittensein natürlich am schnellsten. Dabei wird die Heilung sehr unterstüzt durch das Wechseln der Pferde, oder Sättel, oder, wo das nicht angeht, durch das Kürzerschnallen der Bügel.

Wer beim Reiten in der rechten oder linken Leistengegend plötzlich einen Schmerz empfindet, säume nicht, sich von dem Arzte untersuchen zu lassen, um sogleich, im Falle eines vorhandenen Leistenbruches ein denselben vollständig zurückhaltendes Bruchband zu empfangen. Die frischen Leistenbrüche sind heilbar; denn obgleich eine Indicatio causalis local durch das Bruchband erfüllt werden muss, so ist doch die Disposition, einen Bruch zu bekommen, schon zuvor in den allgemeinen constitutionellen Bedingungen enthalten und ihre Heilung, sowie die des Bruches in der Indicatio essentialis, d. h. in den homöopathischen Heilgesetzen begründet.

Der Wirkungskreis der verdünnten Arnica ist aber ein viel grösserer in Folge ihres allgemeinen Einflusses auf den Organismus.

Schon bei kleineren Verletzungen, bei Schnitt- oder Hiebwunden von geringem Umfange, lässt sich dieser Einfluss der Arnica durch die unmittelbare Wahrnehmung, selbst ohne Loupe verfolgen. Man sieht deutlich, wie das Blutserum sich verdichtet und die Wundränder verkleben, und zwar ohne Eiterbildung. Das kann nur durch Entweichung gewisser Mengen Wasserstoffes aus dem Serum vor sich gehen. Dieses Vorkommen und die Beobachtung der Vermehrung des Wassergehaltes im Harne nach dem innerlichen Gebrauche der Arnica, ohne Vermehrung des Getränkes und zwar unter keiner anderen quantitativen und qualitativen Veränderung der übrigen Harnbestandtheile dabei, führt zu dem Schlusse, dass die Grundwirkung der Arnica in der Entziehung des Wasserstoffes aus den organischen Geweben im Allgemeinen bestehe.

Grosse Verletzungen, welche in der Regel enorm profuse Eiterungen zur Folge haben, z. B. complicirte Beinbrüche geben die schönste Gelegenheit zu Gegenversuchen. So lange man nämlich Arnica innerlich gibt, so lange steht die Eiterung und wird zuletzt fast Null, während die Heilung sehr rasch und schmerzlos vor sich geht; hatte man aber nur 24 Stunden hindurch den innerlichen und äusserlichen Gebrauch der Arnica unterlassen, so haben sich auch schon wieder bedeutende Quantitäten von Eiter in den Wunden gebildet.

Daher kann unter dem Gebrauche der Arnica bei
Verwundungen aller Art, eine der furchtbarsten und ver-
heerendsten Folgekrankheiten, die Pyämie, die sogenannte
Eitervergiftung des Blutes absolut vermieden werden, denn
wo es keinen Eiter gibt, da kann es auch keine Pyämie geben.
Aus denselben Gründen ist die Arnicatinctur wie
früher angegeben, mit Wasser gemischt innerlich stündlich
zu einem Theelöffel gegeben, das ausgezeichnetste unent-
behrlichste Heilmittel, welches man schon vor der Ankunft
des Arztes unbedingt, ohne je zu schaden, bei allen Folgen
einflössen muss, die durch Erschütterungen des Gehirnes, der Eingeweide, des Rückenmarkes entstehen, wo die Verletzten oft scheintodt daliegen, dann erbrechen, oder an einzelnen Theilen gelähmt sind, oder in
Convulsionen verfallen und grosse Schmerzen erdulden. Dasselbe muss geschehen bei allen Arten von Beinbrüchen,
Wunden und deren Folgen. Zudem verhütet die Arnica
das Wundfieber und den Wundstarrkrampf und ist
eventuell auch in diesen Leiden das wichtigste Heilmittel.

Auch bei der traumatischen Hodenentzündung,
die man sich durch eine Quetschung während des Reitens
zugezogen hat, bediene man sich des äusserlichen und innerlichen Gebrauches der Arnica und setze niemals Blutegel, lasse sich nie zur Ader, dulde überhaupt nichts, was
schwächt, nicht einmal ein Abführmittel. Mit allen diesen
Entziehungskuren ist so wenig genützt, dass ich unter denselben sogar einen kräftigen jungen Mann, dem die Blutegel-
stiche natürlich endlich brandig werden mussten nach langer
Ertragung der grössten Schmerzen unrettbar sterben sehen
musste.

Schade nur, dass die meisten Militärärzte auch die
Wirkungen der Arnica nicht kennen und von solchen segens-
reichen Entdeckungen der Homöopathie noch immer so wenig

wissen wollen, wie der grosse Haufen der Aerzte *), weil
sie sich untersteht, theoretisch und praktisch jederzeit beweisen zu können, dass sie mehr von der Heilkunde versteht, als in allen Facultäten der physiologischen Medizin
aller Universitäten, auf denen die Homöopathie unbekannt
ist, gelehrt wird, und zwar aus dem einfachen Grunde, weil
die daselbst eingebürgerte Zunft sich selbst in Frage zu
stellen fürchtet, würde sie anderen als den in ihr herkömm-
lichen Lehren Eingang gestatten. Man erklärt daher den
Schülern: die Homöopathie sei a priori eine Absurdität und
die Schüler beten es andächtig nach.

Um diese Behauptung des grossen Haufens gegen die Homöopathie wissenschaftlich zur Geltung bringen zu können,
dazu gehörten vor Allem Erfahrung und selbst gemachte
Beobachtungen, denn nur durch sie lernen wir die Natur
der Dinge kennen. Die Natur aber ist die Verknüpfung der
Dinge nach nothwendigen Gesetzen. Allein die physiologische Medizin ist vorläufig noch nicht gewohnt, sich nach
Gesetzen zu richten, sondern nach der Gewohnheit, so und

---

*) Anm. Man traut wirklich oft seinen eigenen Augen kaum,
so fabelhafte Geschichten bekömmt man in der allopathischen Literatur zu lesen. So lese ich bereits in vier solchen Journalen vom
heurigen Jahre die glorreiche Entdeckung, „dass die Tinctura Che-
lidonii als wirksamerer Ersatz für die Tinctura Arnicae anzusehen sei,
weil ein gewisser Dr. Sacc sich verpflichtet hält, besonders darauf
aufmerksam zu machen, dass sich das Mittel in solchen Fällen, in
denen man bisher den äusserlichen Gebrauch der Arnica für indicirt
hielt, wirksamer zeigt, als letztere.“ Wie sollten denn zwei in ihrer
stofflichen Zusammensetzung gänzlich verschiedene Pflanzen in ihrer
Wirkung auf den menschlichen Organismus gleich und nur in
Beziehung auf die Intensität der Wirkung verschieden sein; welcher
Art sind die Experimente, die zu solchen Trugschlüssen führen können, und welcher Art ist die Logik, die solche Dinge gutachtlich
nacherzählt? Solche Leute wollen heilen und lassen sich noch
obendrein dafür honoriren.

nicht anders zu denken als bisher, nach der Autorität ihrer Notabilitäten und nach Tradition; ist folglich noch nicht einmal eine Wissenschaft. Mithin enthält jene ihre aprioristische Erklärung einen **Irrthum a priori**, der von den Herren Professoren nicht einmal bemerkt wird und noch weniger die Studirenden genirt, von ihnen aber eingesogen unverwüstlich in ihr praktisches Leben übergeht.

Das Wissen, nicht das Glauben und Meinen nach dem Hörensagen, sollte doch wahrhaftig dem Behaupten vorangehen. Weil aber das in unserer unlogischen Zeit nicht einmal mehr verlangt wird, so ereignen sich natürlich eine Menge der kostbarsten Sonderbarkeiten, unter anderen auch die, dass eine Gesellschaft von Aerzten der physiologischen Medizin, die Hufelandische nämlich, im verflossenen Jahre noch einen Preis auf die beste Arbeit über das Wesen und die Behandlung der Pyämie aussetzte, also über Gegenstände, die der Homöopathie schon lange zum grössten Heile der Verwundeten und zur Erhaltung des Lebens von vielen Tausenden während eines einzigen Kriegsjahres, gründlich bekannt sind.

Allein der Kern der meisten Menschen, und wie es scheint, auch der physiologischen Majorität der Aerzte ist vorherrschend ihr eigener Wille, so dass, wie ich in dieser kleinen Schrift sattsam bewiesen habe, wenigstens gegenwärtig in der physiologischen Medizin keine Spur von einer Basis, nicht die Idee einer Rationalität zu finden ist, so zwar, dass ihre Heilkunde, so bald man sie naturgesetzlich zergliedert, ihre ganze Existenz einbüsst, wie Wasser wenn es in seine Bestandtheile, in Sauerstoff und Wasserstoff zerlegt wird sich verflüchtigt. Möchte hier sehr bald ein vortheilhafter Umschwung eintreten!

Wenn **leichtere Erschütterungen des Körpers** z. B. nach einem Sturze mit oder vom Pferde nur Contusionen und Prellung des Körpers ohne sonstige erhebliche Verletzungen nach sich zogen, so bringt auch ein warmes Bad die grösste bleibende Erfrischung.

Brandwunden bestreicht man mit Arnica-Oel, aus ¼ Pfund Blumenblätter und 1—2 Pfd. heissem Oele bereitet, oder bedeckt sie mit Baumwollenwatte, die man mit Arnica oder concentrirtem Seifenwasser tränkt, und lässt dieselbe, so gross anfänglich der Schmerz auch sein mag, liegen bis zur Heilung. Wer aber Zeit und Gelegenheit dazu hat, nimmt zweckmässiger Wasser von 0 Grad Kälte, oder auch Arnicaöl, aber von derselben Temperatur, und taucht die verbrannten Glieder ein. Sind grössere Bezirke verbrannt, so legt man sie ohne Weiteres in ein Wasserbad von derselben Temperatur. Der Schmerz lässt augenblicklich nach und kehrt nie wieder, wenn diese Temperatur von 0 Grad Kälte nur 24 Stunden ununterbrochen eingehalten wird, denn diese Temperatur ist die Hauptsache zu schneller Heilung. Wäre sie nur auf 5—6 Grade Wärme gestiegen, so kehrt der Schmerz zurück und zwar in demselben Verhältnisse, als die Temperatur steigt. Nimmt man innerlich dazu Arnica stündlich, so sinken die Blasen noch schneller ein und die Oberhaut legt sich wieder an, die Heilung geht ohne Substanzverlust und Narbenbildung ausserordentlich rasch von statten, ist unter diesen Bedingungen meist nach 18—30 Stunden vollendet und es dauert hiezu nur längere Zeit und bilden sich Narben, wenn die Weichtheile gänzlich der Haut beraubt wurden, was aber in der Behandlungsweise keine Aenderung bedingt.

Bei heftigem Nasenbluten, wenn es nicht durch häufiges Einschnauben von Milch gestillt wird, bringt man in den blutenden Naseneingang eine Darmsaite oder eine biegsame Weidenruthe etc. so tief ein, dass sie in der Mundhöhle hinter dem Zäpfchen sichtbar wird. Man zieht nun dieses Ende aus dem Munde heraus und bindet mit langen Fäden einen Charpiebausch von der Grösse eines halben Daumens daran. Mit dem aus der Nase noch hervorstehenden anderen Ende dieser Darmsaite zieht man dann an, so dass der Charpiebausch die hintere Nasenöffnung verschliesst. Zwischen den beiden nun vorne an der Nase herabhängenden Fadenenden bindet man einen anderen Charpiebausch und schliesst mit ihm auch den äusseren Naseneingang. Einen dritten Faden, den man ebenfalls gleich anfänglich an den ersteren Charpiebausch angebunden hat, lässt man zum . Munde 3 Tage lang heraushängen, damit man sodann mit diesem Faden, nachdem man den vorderen Charpiebausch abgeschnitten, den hinteren durch den Mund wieder entfernen kann.

Vor dem Erfrieren der Ohren, Nase, Hände, Füsse, schützt man sich am besten durch Einreibungen mit irgend einem reinen Fette, von welchem aber, was nicht eingesaugt wurde, nach einigen Minuten wieder sorgfältig abgerieben werden muss; denn wenn Fett liegen bliebe und erkaltete, so wäre das Erfrieren erst recht unausbleiblich.

Wer an Frostbeulen leidet, z. B. an den Füssen, nimmt zu gelegener Zeit ein heisses Fussbad, aber so heiss, dass er es anfänglich kaum zu ertragen vermag. Dann muss er so lange die leidenden Theile in demselben lassen, bis es sich unter die Körperwärme abgekühlt hat oder abgekühlt wurde. Hierauf, oder doch nach wiederholten solchen Bädern werden Schmerz und meist auch die Frostbeulen verschwunden sein. Man gibt zuweilen auch eine Hand voll Chamillen in das Bad, aber die Hauptsache für den Erfolg bleibt der allmählige Uebergang von der hohen in die tiefe Temperatur.

Zum Verbinden empfangener Wunden, Stillung von Blutungen aus ihnen etc. sollte man folgende Utensilien jederzeit bei sich tragen.

1) Ein viereckiges leinenes Taschentuch und wo möglich ein dreieckiges, welches in der Diagonale, je nach der Körpergrösse, 1¼ oder 1½ bayr. Ellen lang ist;

2) Charpie, jedoch glatte, im Gewichte von 2 Loth und etwas Zwirnfaden;

3) 1 Loth Penghawar Djambi, in einem Brief-Couvert;

4) Einige mit Arnica und einige mit China getränkte Stückchen Zucker;

5) Ein kleines Stückchen feinen Badeschwammes. Es können Nr. 2, 3, 4 und 5 in einem kleinen Pappschächtelchen aufbewahrt werden, welches gefüllt, etwas über 4 Loth wiegt und mit dem Taschentuche die eine Tasche des Waffenrockes oder des Beinkleides durchaus nicht belästigt. Jenes dreieckige Tuch hat in der anderen Tasche mit den folgenden Verbandstücken Platz.

6) Eine festaufgerollte, zehnellige leinene Binde, von ungefähr 2 Zoll Breite. Man bekömmt solche Binden ohne Naht unter dem Namen »Herrnhuterbänder« schon fertig, sehr billig zu kaufen, nur muss ihnen durch Waschen und Bügeln die Appretur genommen werden.

7) Ueber dieselbe ein gleiches, wenigstens eine halbe Elle langes Herrnhuterband gerollt, aber mit Heftpflaster bestrichen, welches am besten aus einem Theile flüssigen Peches und zwei Theilen Emplastr. diachyl. comp. durch kunstgerechtes Kochen bereitet wird. Damit beim Aufrollen das Pflaster nicht festklebe wird ein eben so langer als breiter Streifen in Oel getränkten oder mit Seife bestrichenen Papieres dazwischen gelegt.

7*

8) Auf diesen Heftpflasterstreifen über der Binde wird endlich ein Assalinisches, sogenanntes Feldtourniquet sammt seiner Pelote mit seiner Schnalle geschlossen. Nr. 6, 7, 8 nehmen einen Raum von 3 Zoll Höhe und 2 Zoll Breite ein und wiegen zusammen 4 Loth.

In jener zehnelligen Binde stecken zu ihrer eigenen Befestigung ein Paar Stecknadeln, in dem Heftpflasterstreifen und dem Tourniquet ebenfalls, was an Stecknadeln hinreicht.

Der Instrumentenmacher Hofmann jun. an der Museumsbrücke in Nürnberg liefert dieses Tourniquet für 1 fl. 45 kr., jenes auf Seite 32 bemerkte Besteck für 3 fl. 30, und jenen Trinkbecher für 3 fl.

Von den zwei leinenen Tüchern ist das viereckige theils zu Compressen, theils zu dem sogenannten Kopfbunde für Wunden bestimmt, das dreieckige zur Armschlinge etc.

Das Beisichtragen aller dieser Gegenstände ist nothwendig, um nicht etwa dem eingetretenen Mangel an denselben in den Ambulancen nicht unterliegen zu müssen.

Ein Bericht aus dem Krimfeldzuge sagt: »Ein nasses Stück Leinen zwei bis dreimal zusammengelegt, also eine nasse Compresse und so viele lose Bindentouren, als gerade hinreichen, um sie zu fixiren, erwies sich selbst für umfangreiche zerrissene Wunden als hinreichend; darüber wird ein von Zeit zu Zeit in kaltes Wasser getauchter Umschlag gelegt. In dieser Weise blieb der erste Verband gewöhnlich zwei oder drei Tage liegen. Bei einfachen Schusswunden wurde selten mehr gethan als ein nasses Stück Leinen aufgelegt, ohne allen anderen Verband, als einen Pflasterstreifen, um es fest zu halten. Je leichter und je einfacher der Verband, desto besser«; das sind kurze, praktische Vorschriften zur Darnachachtung auch für Offiziere.

Bei allen Schusswunden besteht aber die erste
Aufgabe darin, den Wundkanal von fremden Bestandtheilen
zu befreien, was gleich anfangs am Besten geschehen kann,
weil es noch möglich ist, mit dem Finger den ganzen Kanal
zu untersuchen und später die erfolgende Anschwellung das
unmöglich macht. Sobald es sodann thunlich ist, muss man
den verletzten Theilen Ruhe verschaffen mit Armschlingen etc.
und jene Leinwandstücke auf den Wunden in verdünnte Arnica tauchen, statt in reines Wasser. Ich erinnere hiezu
noch an die oben bemerkte luftreinigende Eigenschaft der
losen Baumwolle, um mit ihr die Verbände zu bedecken,
wenn man die Wunden vor schädlichen Bestandtheilen der
Zimmerluft bewahren will.

Gebrochene Glieder müssen an die gesunden
Theile befestigt werden, damit sie beim Transporte so wenig
als möglich Schaden nehmen; so die des Armes, an den
Rumpf, die des Ober- und Unterschenkels an das gesund
gebliebene Bein der anderen Seite.

Da wenigstens die Möglichkeit nicht bestritten werden
kann, dass auch verwundete Offiziere 12—24 Stunden ohne
Verband gebrochener Knochen ausharren müssen, doch selten
irgend eine menschliche Hilfe fehlen würde, wenn man nur
zu helfen wüsste, so muss ich noch angeben, wie in kür-
zester Zeit eine Schiene beschafft werden kann, in der das
gebrochene Glied, wenn auch nicht eingerichtet werden, doch
ruhen kann. Mit der Einrichtung der Knochenbrüche hat es
überhaupt keine so grosse Eile, es geschieht im Frieden oft
erst am 5. Tage nach der erlittenen Verletzung.

Ich meine nämlich die Schienen, wie sie schon Assalini
angab, deren Anlegung man damals das »Schindeln« nannte,
weil sie aus flachen Stäben gemacht wurden. Unter allen
Verhältnissen ist im Felde irgend ein Baum in der Nähe
oder Schilf an einem Bache oder doch Stroh. Mehrere

Zweige oder Schilfrohre von der Dicke eines starken Blei-
stiftes, die man nicht erst abzuflachen braucht, und von der
Länge des gebrochenen Ober- oder Vorderarmes, Ober- oder
Unterschenkels, bindet man nämlich mit einem gewöhnlichen Bindfaden in paralleler Richtung lose aneinander,
indem man um die Mitte eines solchen Zweiges die Mitte
eines langen Bindfadens führt und zuknüpft; hierauf legt
man einen zweiten Zweig neben den ersten und verknüpft
über ihm denselben Bindfaden ebenso und so fort, bis man
eine Reihe solcher aneinander gebundener Zweige hat,
welche das gebrochene Glied zu zwei Dritttheilen umgeben
können. Dann bindet man dieselben Zweige in gleicher
Weise noch einmal an ihren Enden aneinander, so dass
eine dreifach verknüpfte in ihrer Längsrichtung biegsame
Schiene fertig ist.

Wäre nun z. B. der Oberarm durch einen Schuss ge-
brochen, der zugleich auf zwei Seiten die Weichtheile
durchbohrte, so würde die Schiene eine dieser beiden Wunden
des Schusskanales bedecken, was schon wegen des Abflusses
des Wundsekretes nicht sein darf. Man schneidet daher
dieser Wunde entsprechend aus der Schiene so viel Holz
als nöthig ist, muss aber dann die Bindfäden schon öfter,
wenigstens in der Art anbringen, dass die Schiene, statt in
der Mitte nur einmal, nun noch zweimal gebunden wird,
damit auch die Enden der Hölzer, welche jenen eingeschnit-
tenen leeren Raum umgeben, ebenfalls aneinander gehalten
werden. Je öfter indessen diese Zweige oder Schilfrohre
gebunden sind, desto besser.

Eine solche Schiene legt man nun um den schon angegebenen ersten Verband und befestigt sie entweder mit
Heftpflasterstreifen oder mit dem Bande des Tourniquets,
so dass sie keinen überflüssigen Druck ausüben kann.

Man kann sich solche Schienen auch aus zusammengebundenen Strohbündeln machen oder aus Brettchen, die mit ihren schmalen Seiten aneinander gebunden werden etc. Kurz, es handelt sich bloss darum, das gebrochene Glied mit Hilfe solcher Schienen in derjenigen Lage zu erhalten, in der man am wenigsten Schmerzen empfindet.

Bei stossweise erfolgenden Blutungen aus Arterien, bei Gefahr vor Verblutung ist der Druck auf dieselben durch das Tourniquet und manchmal auch durch Binden auszuführen. Den ersteren Druck kann auch der der Finger oder der des Daumens auf die Wunde oder auf den Hauptstamm der verletzten Arterie ersetzen, wenn die Möglichkeit gegeben ist, denselben so lange auszuhalten, bis der Arzt angekommen sein wird. Dieser Druck wird bei solchen Blutungen aus dem Vorder- oder Oberarme an der inneren Seite des Oberarmes angebracht; bei denen aus dem Oberschenkel in der Leistengegend, wo man überall die Arterie pulsiren fühlt. Doch muss beim Gebrauche des Tourniquets der Pelote gegenüber eine Unterlage aus Charpie oder Leinwandstücken etc. angebracht sein, damit nicht eine Einschnürung der ganzen Peripherie des Gliedes entsteht. An allen anderen Stellen des Körpers als an den angegebenen, muss mit dem Finger comprimirt werden, z. B. am Halse. Auch kann man die Arterie zwischen den beiden Vorderarmknochen nicht mit der Pelote des Tourniquets comprimiren, weil sie zu hart ist, wohl aber mit einer zusammengerollten kleinen Zirkelbinde, welche sich besser zwischen die Knochen einlegt.

Es genügt jedoch nicht immer, dadurch eine solche Blutung zu stillen, dass man den Hauptstamm einer Arterie, d. h. denjenigen, welcher von der Wunde aus dem Herzen näher liegt, comprimirt, weil die Blutung aus dem entgegengesetzten Theile der Arterie fortdauern kann, oder aus Seitenästen unterhalten wird. In diesen Fällen bleibt es

daher am zweckmässigsten, die ganze Extremität, den ganzen
Arm etc. mit einer Binde fest zu umgeben, nachdem die
Stücke der Kleidung, die dicht am Eingange des Wundkanals
liegen, entfernt sind, weil dadurch am sichersten auch jenen
Blutungen, welche aus Seitenästen einer verletzten Arterie
entspringen können, vorgebeugt wird.

Sogleich nach den Schusswunden kommen übrigens gefährliche Blutungen dieser Art weit seltener vor, als bei
Hieb- und Stichwunden, wohl aber später. Man muss daher,
um diesem vorzubeugen, bei Blutungen aus tiefen Wunden
mit einem Stückchen Schwamm oder mit Charpie wenigstens
diese oberflächlich verstopfen, so lange nämlich noch keine
Entzündung und Anschwellung eingetreten ist.

Blutungen aus den Venen stehen nach einfachem Ver-
bande schon still, sie unterscheiden sich von denen aus den
Arterien dadurch, dass das Blut nicht stossweise, sondern
gleichmässig abfliesst und dunkel ist, während das arterielle
hellrothe Farbe hat.

Man verblutet sich zuweilen ohne Gefahr für das Leben
schnell bis zur Ohnmacht, ehe Hilfe kommen kann. Mit dieser
Ohnmacht ist aber auch alle Blutung von selbst gestillt. Um
jedoch den nachtheiligen Folgen eines so starken Blutverlustes zu entgehen, nimmt man, so bald man wieder zu Bewusstsein gekommen ist, China und Arnica im stündlichen Wechsel. Am klügsten thut man vor jeder Schlacht,
das heisst, so oft Aussicht vorhanden ist, dass geschlagen wird,
jedesmal China und Arnica eben so zu nehmen, oder auch
nur ein Paar mit Arnica und ein Paar mit China getränkte
Stückchen Zucker, denn es heilen dann alle Verwundungen
rascher und die Blutungen werden nicht so gefährlich als
ohne diese. Hat man solchen Zucker bei sich und wissen das
die Kameraden, so können dieselben Jedem selbst während
seiner Ohnmacht diese Hilfe angedeihen lassen.

Das Penghawar Djambi ist am schätzbarsten und besser als Charpie auf oberflächliche Kopfwunden angebracht, wenn ihr Blut über die Augen rinnt und am Sehen hindert, überhaupt wo geringere Blutungen in irgend einer Weise an der Theilnahme am Kampfe geniren wollen. Man deckt mit ihm einfach die Wunde in ergiebiger Quantität zu und bindet einen Kopfbund darüber, worauf in dem dichten Filze dieser vegetabilischen Substanz das Blut sogleich coagulirt. Fremde Körper aber in den Wunden, Kugeln etc. müssen noch auf dem Schlachtfelde durch den Arzt entfernt werden. Man hindere ihn daher nicht, wenn er allen Nothverband sogleich wieder abnimmt, um die Wunde von den in der Tiefe steckenden eingedrungenen Körpern zu befreien. Bei Wunden des Brustkorbes lasse man sich nicht allzusehr von Angst überwältigen, wenn auch das Athmen sehr erschwert wird; die Qual ist meist grösser als die Gefahr und bei Verletzungen des Unterleibes, mit Vorfall eines Darmes lasse man sich nicht verleiten, ihn sogleich zurückbringen zu wollen wenn der Darm selbst verletzt wäre, es ist dann besser zu warten bis der Arzt angekommen ist.

Ueberhaupt ist die Hilfe der der Kunst und Wissenschaft kundigen, nicht einseitig gebildeten Aerzte so mächtig geworden, dass Offiziere und Mannschaft bei allen Erkrankungen und den grössten Verletzungen mit ungleich grösserer Ruhe und Besonnenheit unter Beobachtung der hier gegebenen Rathschläge auf ärztliche Hilfe warten können, als es früher der Fall war. Sogar der Verbandplatz kann nicht mehr ausserhalb des Bereiches der Geschosse, sondern höchstens 800 Schritte hinter der Front etablirt werden.

Eine der gefährlichsten Folgen von Wunden ist auch starke Eiterung, welche zu der tödtlichen sogenannten Eitervergiftung oder Pyämie führen kann. Es gibt aber

Nichts, was, wie gesagt, die Eiterbildung ebenso wie Entzündung, Anschwellung und Schmerz der Wunden zuverlässiger vermindert als die Arnica, die daher auch nach allen Operationen, Amputationen etc. in Anwendung kommen muss. Auch die Nothwendigkeit der Operationen kann eben durch die Bekanntschaft mit diesem kostbaren Heilmittel auf ein sehr geringes Maass reducirt werden. Kein sogenanntes antiphlogistisches Mittel, kein Eis, keine Blutentziehung, kein Opium ersetzt die heilsame, schmerzstillende und zugleich agglutinirende Wirkung der Arnica. Wer diese Wirkung der Arnica nicht kennt, der muss überdies die Verwundeten strenge fasten und auch dadurch noch mehr an Kräften herabkommen lassen, während unter dem Gebrauche dieses Heilmittels die obigen Vorschriften über die Diät auch hier ihre volle Anwendung finden.

Wer indessen noch dem Wahne huldigt, dass Viel viel helfen muss, der wird, wenn er die Arnica stärker anwendet, als hier angegeben, sei es auch nur in Form von Ueberschlägen, die grössten Nachtheile hervorrufen. Namentlich warne ich desshalb, weil die Patienten selbst die Wohlthat solcher Ueberschläge empfindend, immer mehr Tinctur in dem Wasser für die Ueberschläge haben wollen, bis auf einmal ein rother Fleck auf der von solchen Ueberschlägen belegten Haut entsteht, der zwar nicht schmerzt, aber der Vorbote von einem allgemeinen, durch die Arnica erzeugten, über den ganzen Körper verbreiteten schmerzlichen Blasenrothlaufe mit Fieber etc. ist. In Gegenden, wo Wechselfieber oder sonstige Epidemieen herrschen, oder wo nicht genugsam ventilirt werden kann, werden alle Wunden leicht brandig. Es sollte daher auch in solchen Fällen für die künstliche Bereitung von Sauerstoff oder Ozon in den mit Verwundeten belegten Localitäten Sorge getragen werden können.

Eine andere gefährliche Folge von Wunden, von oft nur leichten Verletzungen, manchmal sogar nur vom Aufgerittensein, ist die Lymphgefässentzündung. Sie entsteht am häufigsten, wenn die Wunden verunreinigt, überhaupt misshandelt werden. Man bemerkt dann von der verletzten Stelle aus einen gerötheten Strang mit knotenartigen Anschwellungen, zuweilen entfernter von ihr, so dass oft erst die Schmerzen in einer weit entfernten Drüse, z. B. in der Leistendrüse nach einer Verletzung am Unterschenkel, darauf aufmerksam machen. Um gefährlicheren Zufällen vorzubeugen, darf man dann nicht mehr säumen, solchen Theilen die möglichste Ruhe und Pflege zu geben, und innerlich Arnica zu nehmen, bei der geringsten Verschlimmerung aber Arsenik; denn diese Entzündung greift von der Wand der entzündeten Lymphgefässe sehr leicht auf das umgebende Gewebe über, so dass es anfänglich scheinen möchte, als hätte man einen aus anderen Ursachen entstandenen Rothlauf vor sich.

Wie bei allen Wunden, so wird auch der ganze Erfolg jeder noch so tadellos gemachten Operation durch eine unpassende Nachbehandlung, welche im Verhältnisse zur operativen Technik die weit schwerere Aufgabe ist, vereitelt und die Operirten erliegen dann derselben viel öfter als nothwendig wäre. In der Allopathie wenigstens ist diese Aufgabe leider noch unter keine Regel gebracht, daher bloss der individuellen Anschauung in der mannigfaltigsten Art und Weise anheim gestellt.

Viele der chirurgischen Verrichtungen, ja alle, die ich zur Selbsthilfe angegeben habe, dürften wohl auch zu den Aufgaben der Sanitätssoldaten gehören. Allein die Sanitäts-Compagnieen, wie sie grösstentheils jetzt noch bestehen, haben sich in der österreichischen Armee schon als unpraktisch bewährt und es wird Manchem diese Hilfe und Unterstützung entgehen, so lange die Sanitätsabtheilungen auch

im Felde selbstständige geschlossene Körper bilden und nicht
ein Theil ihrer Mannschaft auf alle Truppenabtheilungen
vertheilt wird.   Denn ehe man die Verwundeten ¼ Stunde
weit abholt, um sie zurück zu bringen, muss man sie doch
erst auf dem Schlachtfelde selbst wenigstens transportfähig
gemacht haben. Das kann nicht von Abtheiluugen geschehen,
die diesen Transport selbst zu besorgen haben, sondern nur von
demjenigen Theile derselben, der bei den Truppenabtheilungen
ständig bleibt. Aus diesen Gründen sind in Oesterreich
auch bereits Sanitätsdétachements bei den Regimentern
errichtet.

Man wird also überhaupt am besten fahren, s i c h i m
N o t h f a l l e a u f s i c h s e l b s t z u v e r l a s s e n. Um so
mehr wäre es daher erwünscht, dass es zum Dienste der
Militärärzte gezählt würde, auch die Offiziere in den we-
nigen für sie nöthigen anatomischen und physiologischen
Kenntnissen instruiren zu müssen.

Arnica und China ausgenommen, ist es nicht nöthig,
die übrigen Heilmittel immer gleich bei der Hand zu haben,
sie können im Koffer in ihrem Etui liegen.

Dieses Etui, mit den in diesem Schriftchen angegebenen
Heilmitteln gefüllt, wiegt beiläufig ein Pfund und 28 Loth
und die Heilmittel, von deren jedem man 1½ bis höchstens
2 Drachmen mitzunehmen braucht, kommen auf circa 3—4 fl.
zu stehen. Gut aufbewahrt, in stehenden, nicht liegenden
Gläschen, an einem kühlen trockenen Orte verderben sie
nie. Sie werden von den Offizieren, welche dieselben beim
letzten Ausmarsche sich verschafft hatten, noch jetzt als
Hausmittel für sich und ihre Familien stets in Gebrauch
gezogen.

Zum Schlusse des Bisherigen habe ich noch ein Wort
für den Scepticismus anzubringen, der sich zuweilen die
Miene einer intelligiblen Kritik anmasst. Allein wer zweifelt,

gibt zu verstehen, dass er weder Realgründe, noch Erkenntnissgründe vorzubringen weiss und so möchte ein Zweifler am Ende zu der Ansicht kommen, als glaubte ich, es wären die angeführten Krankheiten in ihren Specialitäten erschöpfend vorgetragen und durch die ihnen beigezählten Heilmittel einzig und allein in allen ihren Stadien heilbar, oder als möchte ich das den Offizieren glauben machen. Da nun den Zweiflern gerade das abgeht, was man Scharfsinn nennt, so muss man ihnen Manches wiederholen und ich erinnere sie desshalb an das, was ich oben von der Prophylaxis im Allgemeinen schon bemerkte.

Für die Pferde.

Ich werde in dem nun Folgenden nicht Viel vorbringen, was gedienten Cavalerie-Offizieren unbekannt wäre, aber die Infanterie-Offiziere avanciren nicht selten mit Schrecken auf's Pferd und Manchem derselben wird es um so angenehmer sein, in Kürze das Wichtigste über die Pflege der Pferde angegeben zu finden, als auf dem Marsche der Infanterie kein Pferdearzt zugetheilt wird und unter den übrigen Aerzten selten Hippologen anzutreffen sind.

Die Pferde, diese edlen Thiere, leiden im Felde wohl zuweilen Mangel an Haber, aber selten an allem Futter.

Mit Häcksel, aus gleichen Theilen Klee- oder Wiesenheu und Waizen- Haber- oder Gerstenstroh, erspart man nicht unbedeutend an Futter, während die Pferde weder an Kräften, noch an Masse abnehmen. Mischt man Häcksel mit Körnerfutter, so ist das Thier gezwungen, die Körner besser zu kauen und mit dem Speichel zu vermischen; es wird daher besser genährt. Diese Fütterung verdient auch desshalb der Beachtung besonders im Felde, weil das Pferd

in der Hälfte Zeit früher mit seiner Ration fertig wird.
Eigenthümlich ist es, dass die Gerste mehr nahrhaft ist als
der Haber, dagegen von dem Blute unserer Pferde nicht so
gut vertragen wird, wie von den Pferden des Südens.
Waizen enthält noch mehr Nahrungsstoff, aber auch
mehr Kleber und ist desswegen schwerer für die Pferde
verdaulich, besonders wenn man sie nach dem Füttern viel
Wasser trinken lässt. Uebrigens fressen die Pferde mit
Vortheil gekochte Kartoffeln und Rüben, auch Bohnen und
Erbsen. Obgleich die Bohnen weniger Nahrungsstoff enthalten als Waizen, Gerste, Haber und Erbsen, so vermehren
sie doch die Kraft des Pferdes ausserordentlich; abermals
ein Beweis, dass nicht bloss die auflöslichen, vegetabilischen
Bestandtheile eines Nahrungsmittels in Rechnung kommen,
sondern auch dessen mineralische. Erbsen und Bohnen müssen aber, wenn nicht zu Mehl verrieben, doch von ihren
Hülsen befreit werden und dürfen nicht unter einem Jahre
alt sein.

Heu gibt es überall, aber das Mohar-Heu ist das beste
Futter dieser Gattung für die Pferde und wird jedem anderen Heu als vorzüglich nahrhaft vorgezogen.

Der Mohar ist eine auf sterilem, nur nicht ganz kraft-
losem Boden vielfach wildwachsende Kolbenhirseart, panicum
germanicum, und wird in Ungarn unter dem Namen Mohar
seit lange und allgemein als Futterkraut gebaut. Derselbe
ist auch auf dem sandigen Boden der grossen ungarischen
Ebene, bei den heissen und regenarmen Sommern eine der
wenigen noch gedeihenden und ansehnlichen, 30 bis 60 Zoll-
zentner auf ein österreichisches Joch, Ertrag abwerfende
Pflanze und da er auch ziemlich unempfindlich gegen Nacht-
fröste ist, so verdient er den Versuch in ähnlichen Lagen
z. B. auf dem Lechfelde, der Lüneburgerhaide etc. weiter
verbreitet und angebaut zu werden.

Nachts muss man dem Pferde alle Gelegenheit nehmen zu fressen, es würde zu wenig ruhen. Das Pferd hat einen kleinen Magen für die grossen Quantitäten Futter, die es braucht und es öfter zu füttern, ist besser, als ihm eine doppelte Ration auf einmal zu geben. Das könnte nur des Abends mit Vortheil geschehen, wenn das Pferd voraussichtlich die Nacht über Ruhe hat, um diese Zeit zur Verdauung verwenden zu können.

Das Heu mit Salzwasser zu besprengen, ist desshalb vortheilhaft, weil dann das Thier lieber frisst und leichter verdaut; überhaupt sollte alles Futter wenigstens mit Wasser reichlich besprengt werden.

Die oben vorgetragenen Eigenschaften des Zuckers bewähren sich auch beim Pferde; er ersetzt nicht unbedeutende Quantitäten von Heu und Haber.

Das Tränken im Sommer drei bis viermal täglich ist für das Blut unserer Pferde im Felde unerlässlich, sie leiden noch mehr von Durst als der Mensch und versagen oft aus Durst alles Futter. Ohne Wasser lebt das Pferd bei fester Nahrung nur fünf Tage; mit Wasser ohne feste Nahrung dagegen 25 Tage. Das Bedürfniss des Pferdes, gut und reichlich getränkt zu werden, verdient besonders bei Eilmärschen die höchste Beachtung. Auch während des Marsches muss dieses mächtige Bedürfniss befriedigt werden, wenn man heftige Krämpfe, Entzündungen und selbst schnellen Tod durch den Sonnenstich zu verhüten wünscht. Nur muss man sogleich wieder aufzäumen und weiter reiten. Auch gebietet die Vorsicht, wo möglich vor dem Tränken während des Marsches dem Pferde einige Hände voll Heu zu geben und nach 5—6 Absätzen das Tränken zu beschliessen.

Es gilt auch hier, wie für den Menschen, die alte Regel, sich in den Lebensmitteln überall nach den Eingebornen

möglichst zu richten, wenn man nicht nachtheilige Folgen
in einem fremden Klima, schon durch die unzweckmässige
Nahrung erleben will. Hierüber nur ein in mehrfacher Beziehung nicht uninteressantes Beispiel.

General Dumas hat ein Werk herausgegeben, »les che-
veaux du Sahara,« welches einen von Baissonet aus dem
Arabischen in das Französische übersetzten an Dumas ge-
schriebenen Brief Abd-El-Kaders enthält, worin der Califa
mehrere Fragen des Generals beantwortet, wie folgt:

»1. Du fragst, wie viele Tage ein arabisches Pferd,
ohne zu ruhen, laufen kann, ohne beschädigt zu werden?
Wisse, dass ein Pferd, welches an allen Gliedern gesund ist,
und welches so viele Gerste erhält, als sein Magen verlangt,
alles thun kann, was sein Reiter verlangt. Erhält also das
Pferd so viel Gerste, als es mag, so kann es ohne Ermüdung
und Ruhe 3 bis 4 Monate jeden Tag 16 Parasanges, 1 Paras.
= 3¾ engl. Meilen, sohin pr. Tag 60 engl. Meilen oder
24 französische Lieus = 30 Stunden laufen.

2. Du fragst, wie viel kann ein arabisches Pferd in
einem Tage laufen?

Wisse, ich ritt oft von Tlemecen nach Mascara in
einem Tag, sohin 187½ Meilen = 93 geogr. Stunden. Jedoch
darf des anderen Tages nur eine viel kürzere Strecke zurük-
gelegt werden.

3. Du fragst, ob und wie lange ein arabisches Pferd
Hunger und Durst ertragen kann?

Wisse, wir waren an der Mündung der Mèlouïa und
machten Razzias in Djebel-Amur, den Weg durch die Wüste
folgend. Am Tage des Angriffs setzten wir unsere Pferde
5—6 Stunden in Galopp, ohne einen Augenblick Ruhe und
vollendeten unseren Einfall in 20—25 Tagen. In dieser
Zeit hatten unsere Pferde nur so viel Gerste, als der Reiter
mit sich führen konnte, ohngefähr 8 ordinäre Futter. Die

Pferde hatten kein Stroh zu fressen und nur hie und da auf einer Oase einige Maul voll Gras. Unsere Pferde erhielten regelmässig nur den 2., oft den 3. und 4. Tag einmal Wasser.

Wenn die Pferde sehr stark angestrengt werden, füttern die Araber statt Gerste Datteln, welche die Pferde fett und kräftig machen.

4. Du fragst, warum die Araber ihre Pferde schon so jung reiten, während die Franzosen die ihrigen erst mit 4 Jahren besteigen?

Wisse, die Araber sagen: »Pferde wie Menschen lernen nur in der Kindheit schnell;« ferner: »Ein Bäumchen erhebt sich schnell wieder, aber ein alter Baum steht nie wieder auf.«

Dessbalb hängen die Araber das Pferd im ersten Jahre an und gewöhnen es an den Zaum und die Führung mit demselben. Im 2. Jahre reiten sie es 1, dann 2, und wenn es 18 Monate alt ist, 3 und mehr Meilen. Wenn es in das 3. Jahr getreten, wird es angehängt, in eine gute Decke gehüllt und fett gemacht und nicht geritten. Ueber dieses Verfahren sagen sie:

»Im ersten Jahre gehört das Pferd in Halfter und Zaum, damit es sich nicht beschädigen kann.«

»Im 2. Jahre reite es, bis sich das Kreuz biegt.«

»Im 3. Jahre reite es wieder mit Zaum und Halfter und steht es Dir hierauf nicht an, so verkaufe es.«

Wenn ein Pferd erst mit 3 Jahren geritten wird, so ist es nur zum Rennen gut, und ein edles Pferd rennt, ohne dass es hiezu dressirt wird.

5. Du fragst warum, obschon sich die guten Eigenschaften der ächt arabischen Pferde mehr vom Vater als von der Mutter fortpflanzen, dennoch die Stuten theuerer gekauft werden, als die Hengste?

Wisse, der eine Stute kauft, hofft, dass er, neben den Diensten, die sie ihm leistet, noch eine zahlreiche Nachkommenschaft von ihr erhält, während der Besitzer eines Hengstes, da für die Beschälung nichts bezahlt wird, keinen Nebennutzen von demselben hat.

6. Du fragst um unsere Grundsätze und Handlungsweise bei Wart und Pflege unserer Pferde?

Wisse, wir geben unseren Pferden anfangs nur ganz wenig Gerste und erhöhen die Rationen nach und nach immer um ein Weniges, bis sie etwas liegen lassen, sodann brechen wir wieder ab und fahren auf diese Weise immer fort, bis wir das Pferd genau kennen.

Die beste Zeit für die Gerste ist der Abend, auf der Reise ausgenommen. — Hierüber sagt das Sprichwort: »Die Morgen-Gerste findet man im Dunghaufen wieder, die Abend-Gerste in der Gruppe.« Die beste Zeit zum Gersten-Füttern ist, wenn das Pferd gesattelt und gegurtet ist. Die beste Zeit zum Tränken, wenn es gezäumt ist.

Ein mässiges Pferd ist unbezahlbar.

Ein Pferd des Morgens zu tränken, macht es mager,
Mittags bleibt es wie es ist,
Abends wird es fett.

Während der grossen Hitze, die 40 Tage dauert, werden die Pferde nur jeden 2. Tag getränkt. Das Hauptfutter ist Gerste; den Sommer, Herbst und Winter täglich ein Arm voll Stroh.«

Wie für den Infanteristen seine grösste Sorge auf seine Füsse gerichtet sein muss, so beim Reiter nicht nur auf die Hufe seines Pferdes, sondern auch auf dessen Rücken, der den Sattel und auf diesem den Reiter zu tragen hat.

Während des Marsches sollte in Rücksicht auf die Organisation des Pferdes und nach den Gesetzen seiner Be-

wegung, sowie nach den daraus resultirenden Veränderungen
des Hufes kein Huf mehr als fünf Nägel haben, so lange
die Bodenbeschaffenheit es erlaubt und verlässige Hufschmiede
in Bereitschaft sind. Aber im Gebirge ohne Strassenbauten
bedarf die ganze Sohle eines eisernen Schutzes. Zu keiner
Zeit ist das Beschläg mit grösserer Aufmerksamkeit täglich
zu untersuchen und niemals ist es nöthiger, als auf dem
Marsche, dass der Reiter beim Beschlagen seines Pferdes
selbst zugegen sei, damit die Hufe nicht zu tief ausgeschnitten
werden, die Eisen sehr genau passen und so wenig drücken
wie der Stiefel den Infanteristen; damit allen Hindernissen
und Schmerzen begegnet wird, denen das Militärpferd ohnehin wegen der leider unentbehrlichen Stollen mehr oder weniger ausgesetzt ist. Um den Bedingungen des Wachsthumes
der Hufe möglichst nachzukommen und zu verhindern, dass
sie spröde werden, muss der Wechsel von Feuchtigkeit und
Fett für sie je nach Bedürfniss stets gegeben sein und
müssen Hornspalten mit einem Gemenge von Gutta Percha
und Alaun sorgfältig ausgefüllt werden, bis ein solcher Huf
unter dem gleichzeitigen innerlichen Gebrauche von Mercur
geheilt ist. Gleich nach dem Absitzen sind die Hufe zu
untersuchen, ob sie nicht verletzt oder ungewöhnlich warm
sind. In beiden Fällen oder bei Kronentritt sind Umschläge mit Arnicatinktur und Wasser in dem Verhältnisse
von einer Unze Tinctur auf einen Tränkeimer voll Wasser,
nicht auf eine Maass Wasser zu machen und sollte es Tag
und Nacht hindurch unausgesetzt geschehen müssen.

Der Sattel aber darf im Winter nicht vor Ablauf
von 2, im Sommer erst nach 3 Stunden abgenommen werden. Ist das Pferd in Schweiss gerathen, so muss es so
bald als möglich mit Stroh abgerieben, aber nicht, wie
häufig zu geschehen pflegt, mit nassen Haaren im Freien
herumgeführt werden.

Nach dem Absatteln muss man mit fast ängstlicher
Sorgfalt die ganze Fläche des Pferdes untersuchen, auf
welcher der Sattel ruhte. Verräth das Pferd während des
Darüberstreichens mit der Hand den geringsten Schmerz oder
erblickt das geübte Auge schon an den aufstehenden Haaren
eine geschwellte Stelle, so wird ebenfalls ungesäumt mit
obiger Mischung von Arnicatinctur und Wasser gebäht und
der Sattel an den entsprechenden Stellen ausgeschnitten oder
es werden dieselben mit Strohkissen, die aus Strohbündeln
nach Art der oben angegebenen Schienen für die Beinbrüche
bereitet sind, druckfrei gelegt. Dasselbe muss beim Kum-
metdrucke der Trainpferde geschehen. Dieser Druck kömmt
seltener vor, wenn man mit der Richtung der Stränge je
nach dem gegebenen Terrain wechseln kann.

Der Cavalerist muss und kann in seinen Packtaschen
mit mehr Arnicatinctur versehen sein.

Wenn ein Huf stark verletzt ist, sei es durch unge-
schicktes Beschlagen oder Kronentritt, oder wenn ein Sattel-
druck von erheblichem Umfange vorhanden ist, muss dem
Pferde ungeachtet der localen Bähungen auch innerlich Arnica gegeben werden, um Eiterungen sicher zu verhüten.

Diese Arnicatinctur, sie mag für Menschen oder Thiere
innerlich oder äusserlich gebraucht werden wollen, muss
aus den getrockneten Wurzeln und darf nicht aus den
Blumen bereitet werden, weil letztere zahlreiche Insekten-
larven in sich bergen, die nicht immer sorgfältig ausgelesen
werden; aber auch nicht aus dem ausgepressten Pflanzen-
safte, weil dieser zu schwach ist.

Es ist die wichtigste Aufgabe der Quartiermacher für
Cavalerie-Abtheilungen, dass sie die für die Pferde bestimmten Stallungen sogleich von Grund aus scheuern,
reinigen, unausgesetzt lüften und erst kurz vor dem Ein-

marsche die Fenster und im Winter auch die Thüren schliessen lassen. In Ortschaften, in denen Thierkrankheiten herrschen oder kurz zuvor geherrscht haben, ist es natürlich vorzuziehen nicht einzureiten und lieber die Pferde in's Freie zu stellen oder in entfernten Scheunen unterzubringen. Lieber stellt man sein Pferd in's Freie, als in einen engen Stall, in dem es, um sich auf die andere Seite zu legen, immer erst aufstehen müsste, was es aus Müdigkeit oder Schlaf unterlässt, wenn es sich nicht auf dem Rücken umwenden kann. Unter solchen Verhältnissen kann kein Pferd, so wenig es der Mensch könnte, lange ausdauern. Eine bequeme Schlafstelle ist ihm so unentbehrlich wie uns; das Beste wäre, überall nach hohen oder oben offenen Laufställen zu suchen.

Man hat nicht bloss für Futter zu sorgen, sondern auch für gute Streu. Auch soll man Stallungen mit abschüssigem Boden möglichst vermeiden, sie sind eine mächtige Ursache der Entstehung von Zwanghufen. Die Ställe müssen staubfrei erhalten und die Pferde daher im Freien geputzt werden.

Zu den Leistungen der arabischen Pferde werden unsere Pferde wohl kaum zu bringen sein. Aber die Pflege, die der Araber seinem Pferde angedeihen lässt, ist selten wieder zu finden. Er studirt die Bedürfnisse desselben und hält es so gut und oft besser als sich selbst.

Doch sind unsere Cavalerie-Pferde in Deutschland für den Felddienst immer noch sehr brauchbar und werden durch die Zucht von Jahr zu Jahr besser. Ihr Bau ist keiner Bewegung hinderlich und ihre Ausdauer hat sich bewährt, könnte aber bedeutend gesteigert werden. Erstlich bringen sie die grösste Zeit ihres Lebens in der feuchten, scharfen ammoniakalischen Ausdünstung ihrer eigenen Auswurfstoffe zu, wo ihnen sogar die Wohlthat des Lichtes oft nur durch

Lucken zugemessen ist, und dann fehlt ihnen in der Regel diejenige häufige und flüchtige Bewegung, für welche ihr Organismus gebaut ist.

Diese verdorbene Stallluft bringt alle die Erscheinungen auch an den Pferden hervor, die die Homöopathen während ihrer Prüfungen mit Salmiak am Menschen beobachteten. Die Pferde verlieren durch diese Stallluft ihr Temperament, das beste Blut leidet darunter, sie werden schläfrig und matt, disponiren zu Schwindel, Augenentzündungen, Blindheit, bekommen fortgesetztes Aufstossen (Koppen) und Koliken. Da lernen sie dann aus Langeweile auch das Aufsetzen. Ferner werden sie vorzüglich leicht auch von acuten und chronischen Erkrankungen der Haut, der Drüsen, des Gehirnes, der Schleimhäute der Luftwege, der Luftröhre und der Lungen befallen. Darin liegt der einfache Grund, warum die Pferdeärzte durchaus kein Heilmittel gegen das mit Recht so gefürchtete Koppen wissen und finden können; darin sind die Ursachen enthalten, die zur Beseitigung des Koppens vor Allem entfernt werden sollten. Daher gehören die Pferde in luftreine, tagehelle, mit Sorgfalt äusserst reinlich gehaltene Ställe, und so oft und so lange als möglich in's Freie. Sie sehen auch nie besser aus und sind nie munterer; sie verlieren ihr weiches Fleisch und setzen kräftiges an, so bald sie sich auf einem, wenn auch anstrengenden Marsche nur ein Paar Wochen lang befunden haben.

Wie die Mannschaft, so dürften wohl auch die Pferde schon im Frieden in den Leistungen unausgesetzt geübt werden, die ihnen im Felde zugemuthet werden müssen. Die Pferde bedürfen noch viel mehr als der Mensch zur Aufrechthaltung ihrer vollen Kraft täglich wenigstens eines tüchtigen anhaltenden Dauerlaufes; es wäre vermöge ihrer Organisation besser, sie zu trainiren, als im Schritte spazieren zu reiten. Auf keine andere Weise können ihre Lungen ausgebildet erhalten, ihre Muskeln, Sehnen, Hufe, Verdauungskräfte gestärkt und eine Menge Krankheiten verhütet werden, so dass sie dann allen Anforderungen des Dienstes 25 bis 30 Jahre lang entsprechen und ihren Reiter nie im Stiche lassen werden.

Dass das Pferd von der Natur auf starke und flüchtige Bewegungen angewiesen ist, dafür kann ich zwei Thatsachen als Belege liefern.

Ich ritt einst mit einem Reiterregimente in voller Feldausrüstung 11 Wegstunden, also 5¹/₂ geogr. Meilen, von früh 4 bis 8 Uhr, also 4 Stunden ohne Futter und Tränken auf einer gut erhaltenen Strasse. Wo es nicht zu hoch und steil bergauf oder bergab ging, wurde stundenweit, ohne auszusetzen getrabt oder galoppirt, und es war an einem heissen Sommertage. Nach dem Absitzen sah man den Pferden keine Müdigkeit an, sie waren munter und sprangen wie vor dem Aufsitzen, frassen begierig, kein einziges war so gedrückt, dass man es nicht hätte ohne Anstand weiter reiten können und keines von den Vielen, die ich eigens desshalb besuchte, hatte sich vor Abend gelegt.

Ein andermal ritt ich mit demselben Regimente 12 Wegstunden, also 6 geogr. Meilen und fast eben so weit, ohne Futter und Tränken an einem gleich warmen Sommertage, aber in dem Zeitraume von 10 Stunden, von früh 4 Uhr bis Nachmittags 2 Uhr und in keiner anderen Gangart, als im Schritte; das Terrain war ebenfalls hügelig und der Weg eine gute Fahrstrasse. Aber wie kamen wir an! Wir selbst gingen, als wir abgesessen waren, vor Ermüdung anfangs mit auseinander gespreizten Beinen einher; die Pferde standen wie die Gemsen und schonten einen Fuss nach dem anderen. Kaum waren ihnen die Zügel gelassen, so hingen sie die Köpfe so tief, als wollten sie grasen, versagten aber fast alle das Futter mehrere Stunden lang, manche bis zum anderen Morgen. Sie legten sich, in den Stall geführt, sogleich mit noch aufgeschnalltem Sattel, nach dessen endlicher Abnahme ungewöhnlich viel gedrückte Stellen zum Vorschein kamen.

Was die Heilungen der Pferde in ihren verschiedenen Erkrankungen angeht, so ist vor Allem zu bemerken, dass ein bloss analoger Schluss weder von dem Heilerfolge bei Menschen auf solche bei Pferden, noch der umgekehrte ohne vorausgegangene deductive Bestätigung erlaubt wäre. Doch hat die Erfahrung auch in dieser Beziehung bereits so sichere Anhaltspunkte deductiv gewonnen, dass das Experimentiren in's Blaue auch bei den Krankheiten des Pferdes aufgehört haben sollte.

Hinsichtlich der Dosis, in welcher die Heilmittel dem erkrankten Pferde gereicht werden sollen, steht nun fest, dass in allen Krankheiten die Pferde zu behandeln sind wie die Menschen.

Obgleich das Pferd grösser und schwerer ist, als der Mensch, so darf dennoch die Quantität der ihm innerlich gereichten Heilmittel nicht grösser und schwerer sein, als sie oben in verdünnter Form angegeben wurde, wenn man demonstrative und nicht, sündigend auf den allerdings nicht geringen Spielraum des stofflichen Ausgleichungsvermögens eines jeden Organismus, chemische oder die organischen Functionen überwältigende Einflüsse beabsichtigt. Das grosse preussische Landgestüt Trakehnen, dessen edle Thiere der Staat gewiss nicht einer zweifelhaften ärztlichen Behandlung anvertrauen würde, liefert die praktischen Beweise davon.

Der naturwissenschaftlich gebildete Pferdearzt weiss auch, dass das Pferd der Natur viel näher steht als der durch seinen Culturzustand ihr entfremdete menschliche

Organismus, dass es daher für medicamentöse Einflüsse sogar empfänglicher ist.

Auch für das Pferd gilt demnach dasselbe Gesetz der Dosis, in welcher die Heilmittel gereicht werden müssen wie für den Menschen.

Die wissenschaftlichen Belege zu dem Gesagten finden sich in den früheren Anmerkungen. Aber es kann natürlich nicht gefordert werden, dass die Pferdeärzte das Gesagte ohne handgreiflichere Beweise annehmen sollen.

Für's Erste will ich denselben ein durchschlagendes Beispiel über die Verirrungen des Geistes sogar von Gelehrten unserer Zeit geben, die nicht weniger als gewöhnliche Menschen geneigt sind, lieber dem zufälligen Associationsvermögen ihrer eigenen Geistesrichtung Gehör zu schenken, als ein Experiment zu machen, durch welches sie erfahren könnten, dass sie sich in einem groben Irrthume gefallen.

Es klingt nämlich vortrefflich zu hören, was der berühmte Berzelius seiner Zeit gegen die Substitutionstheorie vorbrachte, indem er behauptete: »die Gewohnheit einer Meinung erzeugt oft die völlige Ueberzeugung von ihrer Richtigkeit; sie verbirgt die schwächeren Theile davon und macht uns unfähig, die Beweise dagegen anzunehmen.« Auf die Aussage dieser Autorität hin bezweifelte man pflichtschuldigst zuerst die Wahrheit der Thatsachen; dann versuchte man ihre Auffassung lächerlich zu machen, oder an Stelle der von den Anhängern der Substitutionstheorie gegebenen Erklärungen andere zu setzen, die mit dem herrschenden Lehrgebäude in besserer Uebereinstimmung standen — genau so, wie sich die Allopathie gegen die Homöopathie heute noch benimmt. Schliesslich musste aber Berzelius selbst daran, die nöthigen

Experimente zu machen und in Folge dessen dennoch die Richtigkeit der Substitution anerkennen, so dass seine obige Behauptung gegen die Substitutionstheorie genau und weit richtiger auf ihn selbst anwendbar wurde. Eben so ist die Allopathie noch nicht einmal so weit, sich durch Experiment und Beobachtung Gewissheit über die Homöopathie zu verschaffen. In beiden Fällen waren und sind es also Gelehrte, welche zum grössten Nachtheile für Theorie und Praxis die Wissenschaft in ihrem Fortschritte durch ihre vorgefasste Meinung auf die unverantwortlichste Weise aufhielten und desshalb aufhalten konnten und können, weil der grosse Haufen nicht selbständig zu denken gewohnt ist und am Gängelband des eigenen oder des Autoritätsglaubens gemüthlich sich umherführen lässt.

Statistische Nachweise sind zwar ohne Interesse für Fälle, für welche die Gesetze, unter welchen sie stehen, schon gefunden sind, wie für die Heilungen der Homöopathie, aber sie dienen zum Vergleiche mit solchen Fällen, für welche es kein Gesetz, nicht einmal eine Consequenz gibt, wie mit der Allopathie, um diese Heilmethode auch für den Laien in's rechte Licht zu stellen. Ich muss also hier ein Paar der am leichtesten begreiflichen Beispiele, ein Paar statistische Belege über die Erfolge der Allopathie im Vergleiche zu denen der Homöopathie vorführen, welche einem weniger geübten Blicke ohne alle Anstrengung die echte Richtung geben werden. Da aber die Herren Professoren die Homöopathie bei uns nicht aufkommen lassen, sondern sich mit deren Verfolgung beschäftigen, so entnehme ich diese Belege einem Lande, wo Solches weniger möglich ist.

Im St. Margarethen-Hospital zu Paris war Dr. Tessier angestellt, und Gegner der Homöopathie bemühten sich, ihn oder die Homöopathie daraus zu vertreiben. Sie erhielten aber von der Administraton hospitalière de Paris folgende Antwort:

„Vor und seit Hippokrates sind die Aerzte stets verschiedener Meinung gewesen und werden es immer sein. *) Wir aber, als Verwalter der Hospitäler, müssen uns ausserhalb ihrer Schulen halten und nehmen wir gar keinen Antheil an ihren mehr oder weniger wissenschaftlichen Streitigkeiten. Wir begnügen uns einfach, die Resultate zu constatiren, die jeder Arzt in seinem Dienste erzielte, wie wir dies auch im vorliegenden Falle thun. Im St. Margarethen-Hospital befinden sich zwei Abtheilungen, die eine mit 100 Betten nnter Dr. Tessier, der seine Kranken homöopathisch behandelt, die andere mit 99 Betten unter dem Dr. Valeix und nach dessen Abgange unter Dr. Marotte, welche die ihrigen allopathisch behandeln. Die neu eintretenden Kranken werden in die ersten freien Betten gelegt, mögen diese sich in der einen oder anderen Abtheilung befinden. Die Prüfung der beiden therapeutischen Methoden findet also so viel als möglich unter gleichen Verhältnissen statt. Die Sterblichkeit nun gibt uns folgendes Resultat: In den Jahren 1849, 1850 und 1851 wurden behandelt:

in der allopathischen Abtheilung 3724 Kranke,
darunter 411 Todesfälle, also . 11 pro 100;
in der homöopathischen Abtheilung 4663 Kranke,
darunter 339 Todesfälle, also . . . 8 pro 100.
Unterschied im Sterblichkeitsverhältnisse zu Gunsten der Homöopathie . . . . 3 pro 100. **)
Bei solchen Resultaten sind wir weit entfernt, die Freiheit der ärztlichen Kunst anzutasten, und etwa den Dr. Tessier

---

*) Anm. Sollte aufgehört haben, wird wenigstens nicht lange mehr währen, denn was naturgesetzlich bewiesen ist, schliesst jede unwillkürliche individuelle Deutung aus. D. V.

**) Anm. Schon damals und würde noch mehr heute bei dem seit jener Zeit enormen Fortschritte der Homöopathie weit günstiger für dieselbe ausfallen. D. V.

an der homöopathischen Behandlung seiner Kranken hindern zu wollen, im Gegentheile veranlassen wir ihn, in seinen Bestrebungen fortzufahren, welche der Menschheit nur nützen können.

In demselben Hospitale war zu oben angegebener Zeit die mittlere Krankheitsdauer in der homöopathischen Abtheilung 23 Tage, in der allopathischen 29 Tage, was also, Dank der Homöopathie, gestattet in einem Hospital von 100 Betten jährlich 300 Kranken mehr Hilfe zu spenden, als bei allopathischer Behandlung, oder es würde in dieser Art ein Hospital von 100 Betten einem allopathischen von 20 Betten gleichkommen. Die Arzneikosten beliefen sich in der allopathischen Abtheilung auf 23,522 Fr., in der homöopathischen auf 2—300 Fr., also auf etwa den hundertsten Theil.«*)

Der zweite Fall trug sich zu Thoissey, Dep. Aisne zu, wo Dr. Gastier von 1832—1848 das dortige Hospital leitete. Ein allopathischer Arzt zu Mâcon, vermuthlich dadurch ärgerlich, zeigte in einer politischen Zeitung dieser Stadt an, dass die Verwaltungsbehörde des Hospitals zu Th. dem Dr. G. die Ausübung der Homöopathie in dieser Anstalt untersagt habe. Unmittelbar darauf schickte dieselbe an die Redaction obigen Journales folgenden Brief zum Abdrucke:

»»Wir dürfen nicht schweigen zu einer vollkommen grundlosen Angabe, die voraussetzen würde, dass wir den Umfang unserer Amtsthätigkeit verkennen und uns in Sachen mischen, die ausserhalb derselben liegen. Die Administratoren der Hospitäler sind eingesetzt worden, um die Besitzungen und Einkünfte unserer Anstalten zu verwalten und über den guten Zustand derselben zu wachen, sowie

---

*) Anm. Würde jetzt weit weniger betragen. D. V.

darüber, dass jeder Beamte genau seinen Dienstpflichten nachkomme; keineswegs aber, um dem Arzte in Ausübung seiner Kunst Vorschriften zu machen, denn dieses Feld gehört nicht zu unseren Studien und sind wir darin fremd. Es würde also mindestens lächerlich von uns gewesen sein, wenn wir uns erlaubt hätten, dem Arzte unseres Hospitals die Anwendung irgend eines Heilmittels zu untersagen, welches er für angemessen hält. Die Medizin ist eine freie Kunst und vollständig frei die Art ihrer Anwendung. Niemals und das beweist am Besten die Achtung, welche die Medizin geniesst, niemals, zu keiner Zeit, in keinem Lande, haben selbst die absoluten öffentlichen Gewalten es unternommen, dem Arzte diese oder jene Heilmethode vorzuschreiben oder zu verbieten. *) Wir widersprechen der Annonce des Dr. C.... in aller Form, indem derselbe sich in einem uns unbegreiflichen Irrthume befand; erklären aber auch, dass falls wir das Recht, welches er uns beilegt, wirklich besässen, wir durchaus nicht gewillt sein würden, davon Gebrauch zu machen. Unsere Register weisen nämlich nach, dass seit dem Eintritt des Dr. Gastier die Zahl der Todesfälle im Verhältnisse zur Krankenzahl geringer war, als jemals vorher, dass die Arzneikosten beinahe Null waren und dass der Dienst durch Einfachheit und Regelmässigkeit fühlbar erleichtert wurde.

Thoissey, am 2. Januar 1846.

Die Administration des Hospitals:
Magot, Bürgermeister, Präsident. Challand, Adjunct. Lorin, Mitglied des Conseil-général. Ducrest, Pfarrer. Billaud, Gemeindeältester. Aillaud.‹ ‹

_____

*) Anm. Es gibt doch wohl Länder, in denen Derartiges bekanntlich vorgekommen ist. D. V.

Obschon auf dem Marsche und im Felde an den Pferden nicht viel zu curiren ist, weil man sie zu diesem Zwecke zurücklassen muss, so werden doch folgende Angaben in vorkommenden Fällen, und wie ich aus Erfahrung weiss, nützlich werden.

Einige dem Pferde eigenthümliche Erkrankungsformen ausgenommeen, gilt bei E n t z ü n d u n g e n, D i a r r h ö e, R h e u - m a t i s m u s, bei V e r w u n d u n g e n und deren Folgen dasselbe, was hierüber für den Menschen sich angegeben findet.

Bei allen Entzündungen des Pferdes ist der P u l s, der am inneren Rande des Hinterkiefers zu fühlen ist und beim Bauernpferde in der Regel 56, beim Vollblutpferde 40—42 Schläge in der Minute zählt, auf 50—70 Schläge in der Minute gestiegen.

Die G e h i r n e n t z ü n d u n g nennen die Pferdeärzte den rasenden Koller, und ihren Ausgang in Exsudatbildung den dummen Koller. Anfangs ist das Thier ein Paar Tage lang niedergeschlagen und theilnahmslos; am dritten Tage schon rast es, kaut beständig, verschmäht aber jedes Futter und Getränk. Allmählig geht dieser Zustand, wenn nicht gehoben, in jenes andere Stadium über.

Zu Gehirnentzündung sind besonders Pferde disponirt, welche zuweilen an S c h w i n d e l, an der sogenannten Kopfkrankheit leiden. Es ist dann ein Congestivzustand des Blutes nach dem Gehirne vorhanden. Das Pferd schüttelt den Kopf und schwankt im Gehen und Stehen. Gefährlicher ist die Sache geworden, wenn es den Kopf beinahe bis auf den Boden hängt oder auf die Krippe stützt. In allen diesen Fällen gibt man gleich Anfangs A c o n i t.

Die A u g e n e n t z ü n d u n g ist ohnehin äusserlich leicht zu erkennen und mit B e l l a d o n n a zu beseitigen.

Die D r u s e ist eine Entzündung der Nasenhöhle und des Kehlganges. Sie ist eigentlich der Schnupfen des Pferdes.

mit schmerzhafter Geschwulst der Ganaschendrüsen. Da muss man Dulcamara geben.

Beim Rotze, anfänglich eine auf dieselben Theile beschränkte Erkrankung, aber von specifischer Ursache, ist der Nasenausfluss eiter- oder kleisterartig, oft grün oder blutig und eben so wie der Athem übelriechend, während die Drüsengeschwulst selbst schmerzlos ist. Schon bei den ersten Zeichen ist es nöthig, Arsenik zu geben.

Die Influenza, der epidemische Katarrh, erfordert ebenfalls Arsenik; für den Strengel den einfachen Katarrh nach unterdrückter Hautausdünstung etc., ähnlich dem Schnupfen mit Schnauben und wässerigem Nasenausfluss, aber ohne Drüsenanschwellung, genügt Aconit.

Der Husten ist nur der Begleiter verschiedener anderer Erkrankungen, der Druse, Lungenentzündung etc. und muss sich dessen Behandlung natürlich darnach richten.

Lungenentzündung und Brustfellentzündung sind von denselben Zeichen begleitet. Sie kommen meistens bei Pferden vor, die warme Stallungen haben oder in denselben häufig zugedeckt werden.

Man bemerkt ihren Anfang zuerst an dem vermehrten Flankenschlagen und den vor Schmerz kurzen Athemzügen. Dabei sind die Nasenlöcher aufgesperrt, der Kopf ist ausgestreckt und die Extremitäten sind kalt. So bald man etwas Derartiges bemerkt, muss man Aconit geben.

Kolik und Darmentzündung gleichen sich sehr in ihren Erscheinungen, nur entsteht erstere plötzlich, letztere nach und nach mit vorausgehendem Fieber; bei ersterer wird der Schmerz im Leibe durch Reiben des Bauches besser, bei letzterer ist der Bauch gegen jede Berührung empfindlich; erstere wird durch Bewegung besser, letztere schlechter und die Kräfte sinken bei ersterer bei Weitem nicht so schnell, wie bei letzterer. Das Pferd äussert in beiden

Fällen Schmerzen durch Scharren und Schlagen nach dem Bauche und wildes Zurücksehen nach demselben, durch Stöhnen und Wälzen. Bei Kolik gibt man ohne Zaudern Arsenik, bei Darmentzündung zuvor Aconit.

Bei der Nierenentzündung und Harnstrenge, die zuweilen Folge der üblen Gewohnheit mancher Pferde sind, in fremden Stallungen, oder ohne Streu nicht zu strahlen, sondern den Harn zurückzuhalten, bäumt das Pferd den Rücken, steht und geht mit gespreitzten Hinterfüssen, hat Schmerz im Umdrehen und strengt sich nun vergebens an, zu stallen. Wie bei allen Entzündungen ist das erste Mittel der Aconit, hier aber auch Cannabis.

Chronische Leberentzündung, die mit Verhärtung der Leber etc. endet, entsteht oft, ohne dass man anfangs durch irgend etwas Anderes aufmerksam gemacht wird, als dass sich das Pferd zuweilen gegen das starke Gurten wehrt, eben durch das starke Gurten unmittelbar nach dem Füttern.

Unter Lähme verstehen die Pferdeärzte sehr verschiedene Krankheiten.

Die Buglähme rührt von einer Erkrankung der Schulter her, wenn weder am Hufe noch am Schenkel eine Anschwellung etc. bemerkbar ist. Die Pferde hinken mit dem leidenden Beine, versagen das Futter, gehen sehr gespannt, kommen kaum von der Stelle, können nicht rückwärts gehen und stellen im Stalle die Füsse dicht zusammen. Hier gibt man Bryonia. Aehnliche Zufälle können nach Ueberfütterung vorkommen und werden dann durch Arsenik gehoben.

Die Mauke ist eine Entzündung specifischer Art in der Kronengegend des Hufes, gewöhnlich der Hinterfüsse, nicht selten bei schlechter Pflege auftretend. Anfangs erscheint eine Geschwulst in dieser Gegend, die im Gehen vergeht, beim Stehen aber wiederkehrt. Dabei werden die

Haare von der Fesselbeuge bis zum Röhrenbeine struppig; es quillt endlich eine wasserhelle Flüssigkeit hervor, die aber bald trübe und jauchig wird und Geschwüre bildet. Dauert das Uebel noch nicht allzulange, so wird es durch einige Gaben Thuja geheilt.

Bezüglich der Seuchen bemerke ich noch, dass bei der Lungenseuche Phosphor und bei Milzbrand Arsenik zu geben sind, sogar nur prophylaktisch, so bald man in der Nähe von Gegenden ist, in denen derartige Krankheiten herrschen.

Alles Uebrige ist Sache der Aerzte.

Schlusswort.

Es wird natürlich nicht Jeder das Bedürfniss fühlen, sich mit allen angegebenen Heilmitteln und Utensilien zu versehen, obschon weder ihr Gewicht, noch der Raum, den sie einnehmen, als Hinderniss entgegenstünde.

Wer indessen seine Vorsicht dahin auszudehnen wünscht, bei der Ankunft des Arztes in voller Bereitschaft zu sein, dem würde ich rathen, zu den bereits genannten Heilmitteln noch Acid. nitr., Cuprum metal. (6), Sulphur (6) und Tart. stibiat. (3), im Ganzen also deren 34 in sein Etui zu geben; dann wird, es mag was immer für eine Erkrankung vorkommen, der gerufene Arzt nicht in Verlegenheit sein, für Mann und Ross unverweilt die nöthige Hilfe angedeihen zu lassen.

Zwar wünsche ich Niemanden den einen oder anderen dieser Rathschläge benützen zu müssen, wohl aber weiss ich, dass sie eventuell ihrem Zwecke entsprechen werden, denn keine der vorgebrachten Thatsachen kann mir auf dem

Wege der naturgesetzlichen Kritik bestritten werden und
eine andere Kritik hat keine wissenschaftliche Geltung.

Nach dem Erscheinen des in der Vorrede gedachten
unbedeutenden Flugschriftchens musste ich schon die Klage
vernehmen, ich hätte zu viel aus der ärztlichen Kunst und
Wissenschaft populär gemacht, als könnte dadurch dem wissenschaftlich gründlich gebildeten Arzte in seinem Wirkungskreise etwas entzogen werden.

Allein einerseits sind Künste und Wissenschaften nicht
wegen der Künstler und Gelehrten allein da, sondern zum Nutzen
und Frommen der Laien; andererseits spricht gerade die Möglichkeit, sich populär machen zu können, sich nicht dagegen
zu sträuben, für die Grösse und innere Ueberlegenheit der
ärztlichen Gesammtwissenschaft und Kunst. Ferner ist an-
erkannt, dass es kein Vertrauen zu einer Sache gibt, ohne
Einsicht in ihr Wesen und ihre Motive, welche daher, so
oft als thunlich, bekannt gegeben werden müssen. Zudem
hatte jener erste Versuch faktisch einen so vortheilhaften
Erfolg zum Wohle der Offiziere und durch sie, d. h. durch
das schon auf dem Marsche mehr und mehr durchbrechende
Bewusstsein innigerer Zusammengehörigkeit, auch nicht
selten zum Wohle der Mannschaft, dass er nicht mehr ab-
geläugnet werden kann.

Aus diesen Gründen musste ich mich also genöthigt
sehen, bei vorliegender Gelegenheit, den höher gestellten
Anforderungen der Offiziere zu willfahren und noch weit
mehr des Nützlichen mitzutheilen, ohne auch nur einen
Augenblick mein ärztliches Gewissen beschwert, im Gegentheile nur um so vollkommener beruhigt zu fühlen.

Abgesehen von diesen speciellen Beweggründen, ergibt sich das Bedürfniss solcher Schriften auch im Allgemeinen aus der, im Vergleiche zu den kriegsgeübten Heeren

Frankreichs, fast einflusslosen Stellung der Militärärzte in manchen deutschen Heeren, gegenüber den verschiedenen Truppen-Commandanten derselben, so dass unsere Offiziere in der That mehr oder weniger auf ihre selbst erworbenen Kenntnisse angewiesen sind.

Als Beleg zu diesem Vergleiche citire ich die preussische militärärztliche Zeitung, vom 16. Nov. 1861. Sie enthält den Bericht eines Arztes des französischen Expeditionscorps in Conchinchina, der unter Anderem sagt: »den oft perniciösen Wechselfiebern und choleraartigen Affectionen sind remittirende Fieber, Diarrhöen und leichte Dysenterieen gefolgt und die Sterblichkeit hat sich erheblich vermindert. Der Grund dafür liegt theilweise in den veränderten atmosphärischen Verhältnissen, theils aber auch darin, dass die Truppenführer verpflichtet sind, die ihnen von ihren Aerzten empfohlenen und von diesen zu überwachenden hygienischen Maassregeln gewissenhaft zur Ausführung zu bringen.«

Ob das jedoch der einzige Weg zu diesem Ziele ist, möchte ich im Hinblicke auf die allgemeine Erfahrung, dass das Wissen von jeher eine grössere Macht entfaltete, als das Befehlen, dahin gestellt sein lassen. Truppenführer werden daher nicht unter allen Umständen erst verpflichtet werden müssen, den hygienischen Maassregeln der Militärärzte gewissenhaft nachzukommen, denn wenn die Befehlshaber von den Militärärzten in der Diätetik und Prophylaxis instruirt werden können, so fällt eine solche Verpflichtung für erstere hinweg, da ihnen das Wohl ihrer Truppen ohnehin selbst am meisten am Herzen liegt. Zugleich aber, dessen wird wohl Jedermann überzeugt sein, würde nicht nur das Zutrauen zu den Militärärzten, sondern auch deren Einfluss die wünschenswertheste Höhe erreichen.

Das eben lieferte einen weiteren Beweggrund zur Veröffentlichung dieser Schrift, und wenn die Offiziere mit den Krankheiten und ihren Ursachen, sowie mit der gleich zu Anfang der Erkrankungen vorhandenen Hilfe bekannt gemacht wurden, so werden sie auch, wie alle Menschen, einer jeden Gefahr um so muthiger entgegentreten, je mehr sie die Rettungsmittel im Voraus kennen gelernt haben. Aus allen diesen Gründen war es wohl der kleinen Mühe werth, den für König und Vaterland in den Kampf Ziehenden auch in dieser Beziehung mehr an die Hand zu gehen.

Verzeichniss der angegebenen Heilmittel.

Druckfehler.

Seite 4 Zeile 6 von unten setze: Bewegung, statt Bewegungen.

„ 5 „ 9 „ oben etc. setze: Maasse, statt: Maase.

„ 32 „ 4 „ unten „ schliessen, statt: schliesst.

„ 40 „ 12 „ oben „ ersetzende, statt: ersehende.

„ 46 „ 13 „ unten „ Salpetersäureprüfung, statt: Salpeterprüfung.

„ 48 „ 9 „ unten „ nach Ursachen: und Bedingungen.

„ 63 „ 1 „ oben „ chronischen, statt: chronischem.

„ 63 „ 3 „ oben „ kohlensauren, statt: kohlensaurem.

„ 104 „ 6 „ oben „ Intensität, statt: Intensivität.

„ 120 „ 2 „ unten „ Dornfortsätze, statt: Darmfortsätze.

„ 148 „ 14 „ unten „ streiche: nicht.

Die übrige Correctur ergibt sich von selbst.